心一堂彭措佛緣叢書‧索達吉堪布仁波切譯著文集

《勝利道歌‧天鼓妙音》講記
附《勝出天神讚》釋

法王如意寶晉美彭措等　原著
索達吉堪布仁波切　講解

Śūnyatā

書名：《勝利道歌・天鼓妙音》講記　附《勝出天神讚》釋
系列：心一堂彭措佛緣叢書・索達吉堪布仁波切譯著文集
原著：法王如意寶晉美彭措等
漢譯：索達吉堪布仁波切
責任編輯：陳劍聰

出版：心一堂有限公司
地址/門市：香港九龍尖沙咀東麼地道六十三號好時中心LG六十一室
電話號碼：+852-6715-0840　+852-3466-1112
網址：www.sunyata.cc　publish.sunyata.cc
電郵：sunyatabook@gmail.com
心一堂 彭措佛緣叢書論壇：　http://bbs.sunyata.cc
心一堂 彭措佛緣閣：　　　　http://buddhism.sunyata.cc
網上書店：　　　　　　　　http://book.sunyata.cc

香港及海外發行：香港聯合書刊物流有限公司
地址：香港新界大埔汀麗路三十六號中華商務印刷大廈三樓
電話號碼：+852-2150-2100
傳真號碼：+852-2407-3062
電郵：info@suplogistics.com.hk

台灣發行：秀威資訊科技股份有限公司
地址：台灣台北市內湖區瑞光路七十六巷六十五號一樓
電話號碼：+886-2-2796-3638
傳真號碼：+886-2-2796-1377
網絡書店：www.bodbooks.com.tw
台灣讀者服務中心：國家書店
地址：台灣台北市中山區松江路二〇九號一樓
電話號碼：+886-2-2518-0207
傳真號碼：+886-2-2518-0778
網絡網址：http://www.govbooks.com.tw/

中國大陸發行・零售：心一堂・彭措佛緣閣
深圳地址：中國深圳羅湖立新路六號東門博雅負一層零零八號
電話號碼：+86-755-8222-4934
北京流通處：中國北京東城區雍和宮大街四十號
心一店淘寶網：http://sunyatacc.taobao.com/

版次：二零一五年一月初版，平裝

定價：　港幣　　六十八元正
　　　　新台幣　二百八十元正

國際書號 ISBN 978-988-8316-27-4

目錄

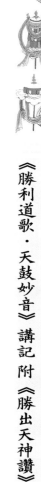

《勝利道歌‧天鼓妙音》講記 附 《勝出天神讚》釋

勝出天神讚

德雪達波論師　著

索達吉堪布　譯

梵語：得瓦阿德夏雅多札

藏語：拉列坡德雄瓦多巴

漢語：勝出天神讚

頂禮一切如來！

> 如來遍入非現量，梵天大天亦不見，
> 思聞彼等色力行，觀誰有抑無功德。

> 遍入勤持兵刃杵，大天佩飾人頭鬘，
> 佛一裝束最寂靜，當供寂靜不靜誰？

> 遍入摧毀塔嘎等，大天毀滅三層城，
> 能瘦揮矛殺自舅，唯佛諸行利眾生。

> 言我護此殺害此，是天神最之宗旨，
> 佛陀無怨亦無親，增生定勝行饒益。

> 遍入語生貪等患，大天所行如瘋人，

1

如來過咎無餘遣，孰堪大師當分析！

誰無慈悲勤傷他？誰成眾生皈依處？
誰具貪兮誰離貪？深思此中應供誰？

帝持金剛力犁遍入輪，瘦矛大天三尖住寒林，
愚無悲持殊刃苦畏逼，恆勤殺生智者誰禮敬？

不持三尖亦無貪懷女，不握鋒輪短矛犁之刃，
解脫煩惱智者勤利他，世間皈處大仙我皈依。

大天隨愛無恥娶害妻，遍入過凶作廢瘦滅親，
母食人肉俄瑪殺非天，邪師貪酒而佛無少過。

有壞非親外道非我怨，彼等餘行亦非現量見，
耳聞言行各自之差異，信佛功德超群我依止。

善逝非父外道非我敵，如來未予我財外未掠，
然佛世尊說唯利眾生，無垢除一切染我誠信。

恆喜利他常時益群生，苦難重重有情令安樂，
如手掌物洞徹諸所知，無與倫比仙人我摯信。

誠心信奉或歡喜，懷疑抑或顧他面，
何者作禮能仁王，彼得天界圓滿樂。

相傳古昔遍入天，聞世生老病死轉，
為救眾人發勝心，慈悲勤生釋迦族，
名曰瞿曇於人間，得以成佛乃傳言，
煩惱蠢人由愚癡，不知大師行饒益！

何時以貪嗔，非天家奪寶，
貪慧行奸計，奪取一切地。

遍入未解脫，癡人皆供禮，
佛陀定解脫，凡愚不敬禮。

大地繫四洋，腰帶沉甸甸，
似重予遍入，大力成痛苦；
以塵供能仁，獲成無憂王，
披滿月光衣，地上得統治。

我不執佛方，不嗔淡黃等，
誰具正理語，認彼為本師。

深慧眼尋覓，依誰具遍知，

《勝利道歌・天鼓妙音》講記附《勝出天神讚》釋

3

利生大教義，智者何需餘？

孰若無諸過，普具眾功德，
梵遍入自在，彼是我本師。

孰若無過失，且有無量德，
具悲一切智，我即皈依彼。

具如蓮目之佛尊，讚美千江源大海，
我語所生少分善，願諸眾生具安樂！

　　《勝出天神讚》，德雪達波論師造圓滿。印度堪布薩瓦匝得瓦、主校譯師萬德仁欽由梵譯藏，後由萬德拜則繞傑達校正而抉擇。

勝出天神讚

勝出天神讚釋

德雪達波論師　著

索達吉堪布　譯講

祈禱本師釋迦牟尼佛：

　　釀吉欽布奏旦涅咪揚　　大悲攝受具諍濁世剎
　　宗內門蘭欽波鄂嘉達　　爾後發下五百廣大願
　　巴嘎達鄂燦吐謝莫到　　讚如白蓮聞名不退轉
　　敦巴特吉堅拉夏擦漏　　恭敬頂禮本師大悲尊

祈禱遍智無垢光尊者：

　　剛熱托嘎仁欽年布格　　托嘎雪山寶藏頸
　　雲丹根作嘎威傑察德　　圓諸功德喜樂園
　　多尼釀波威比納玖瓦　　二義精藏瑜伽士
　　龍欽饒將桑波所瓦得　　祈禱龍欽繞降賢

祈禱全知麥彭仁波切：

　　瑪威桑給欽熱釀拉夏　　心顯文殊師利智
　　根德桑布門藍納巴央　　勤學普賢行願義
　　這吉嘉威春蕾怎匝巴　　持佛佛子事業者
　　將央拉彌雅拉所瓦得　　祈禱文殊上師足

祈禱上師法王如意寶：

晉美作恰尊比得拉旺　　無畏自在辯講著之藏
彭措拉巴森傑雲丹作　　圓滿具足三學之功德
華伊潘迪炯內仁波切　　無量利樂之源如意寶
珍巧華丹拉瑪所瓦得　　祈禱吉祥上師勝引尊

勸眾聽法偈：

拉耶噶當勒當諾因嘎　　天龍夜叉鳩槃茶
哲溫達當摩耶嘎南當　　乃至人與非人等
卓瓦根傑札南傑贊巴　　所有一切眾生語
檀嘉嘎德達給丘丹多　　悉以諸音而說法

為了度化一切眾生，請大家發無上殊勝的菩提心！

勝出天神讚釋

第一節課

今天給大家傳講印度論師德雪達波所造的《勝出天神讚》。

本讚文分三：一、初義；二、論義；三、末義。

一、初義：

論名：《勝出天神讚》

本論讚歎了釋迦牟尼佛的功德。各種佛讚在印度是相當多的，漢地也為數不少，藏地各大教派的論師們也經常通過不同的詩學妙音來讚頌佛的圓滿功德。關於釋迦牟尼佛的功德，可從身、語、意、功德、事業，以及饒益有情、證悟緣起等各個側面來讚歎。但這裡讚歎的角度，主要是勝過一切天神，而不是像宗喀巴大師和麥彭仁波切在《緣起讚》中所說的證悟緣起，也不是佛陀的相好圓滿等等。

在當今世上，許多人分不清楚佛與神之間的差別，包括漢地的有些人，根本不了解到底該皈依神還是皈依佛，往往將二者混為一談。其實所謂的「神」，下文將會剖析到，包括梵天、帝釋天、遍入天等天尊。印度原始教、婆羅門教等諸多派系中都拜神，現在印度尼西亞、馬來西亞等家家戶戶，包括中國南方等許多地方，也有不同形式的拜神傳統。不過佛陀遠遠超過天神，因為天神具有貪嗔癡等煩惱，以及傷害眾生等不良行為，

雖然暫時可賜予自己一些利益，但對究竟解脫幫不上什麼忙，所以不應該對他們皈依。學習本論之後，大家應該分清楚什麼是佛、什麼是神，知道神並不是究竟的皈依處。

《藏漢大字典》和有些論典中，將本論稱為《勝出滅神讚》，這肯定不合理。「滅」和「天」的字形比較相似，可能是他們打錯了。

作者：德雪達波論師

作者在印度相當出名，他與《殊勝讚》的作者脫准珠傑，都出生於婆羅門家，兩人是親兄弟，由於祖祖輩輩都崇拜大自在天，所以他們從小就信奉婆羅門教。當長大之後，他們既學了婆羅門教十八門為主的知識，同時也學了佛教的一些教理，發現佛教有許多殊勝之處。

為了選擇其一，他們當時發願：若沒見到大自在天，則不行持任何善法。發願之後，二人依靠神足通，前往現在的岡底斯神山①。到了那裡，在白雲繚繞中見到了大自在天及天后俄瑪得瓦的化身，他們生起無比的歡喜心，立即對聖尊進行供養。就在此時，有五百比丘猶如紅色飛禽般降落下來，大自在天的化身見後，馬上前去頂禮供養，並告訴他們：「信奉我的教派，並不能獲

---

①岡底斯神山：位於西藏與尼泊爾交界處。在古印度，崇拜大自在神的外道徒經常不遠萬里，長途跋涉，北上西藏來朝拜岡底斯山，轉山誦經，祈禱大自在神的護佑。直至今日，仍有許多印度人來西藏轉山朝拜，虔誠地祈求大自在神及諸神的護佑。

得真實利益，三界導師佛陀才是最究竟的皈依處。」聽到這話，兄弟倆以智慧進行分析，覺得佛教的見修行果確實比婆羅門教更勝一籌，於是選擇了佛教。隨後他們皈依出家，成為佛門中非常了不起的大德。

後來，脫准珠傑造了《殊勝讚》②、德雪達波造了《勝出天神讚》，以歌頌佛陀的偉大及其超勝諸天神之處。佛陀的讚文雖有千千萬萬，但是在印度，這兩個讚文可謂家喻戶曉、無人不知，甚至還譜成了膾炙人口的歌曲，在信眾中廣為傳唱。此文傳至藏地並被翻譯出來後，不管是哪個教派的寺院和大德都經常念誦，包括夏天安居的時候，僧人們也會不斷地誦持。

記得在20年前，我第一次到馬爾康某寺院傳法，途中遇到我寺院的拉雪堪布，在他面前，我得到了這兩個讚文的傳承。當時我一路上思維它的法義，對釋迦牟尼佛生起了不共的信心，那時候自己有很多感觸，這種不共的信心，並非來源於佛陀的神通神變。

藏地各寺院對本論都很重視，希望漢地的修行人通過這次學習，一方面要區分開神與佛的差別，同時也要多念誦這樣的金剛語，來讚歎佛陀的殊勝功德。若能如此，我們的信心不容易退轉，且生生世世不會轉生邪見之家！

下面把本論簡單給大家解釋一下：

《勝利道歌講記》附《勝出天神讚》

②上師已翻譯出來了，以後有時間會為大家傳講。

9

梵語：得瓦阿德夏雅多札

漢語：勝出天神讚

梵語與漢語相對照，「得瓦」意為天神，「阿德夏雅」意為勝出，「多札」意為讚頌，合在一起就是「勝出天神讚」。

頂禮一切如來！

此讚文雖然是讚歎釋迦牟尼佛的，但作者頂禮的對象是——像釋迦牟尼佛那樣斷證圓滿的所有如來。在他們足下，以身口意三門恭敬作禮。

二、論義：

若問：有什麼理由說佛陀的功德超勝於一切天尊？

如來遍入非現量，梵天大天亦不見，

思聞彼等色力行，觀誰有抑無功德。

對如來與遍入天、梵天、大自在天，我（作者）雖然沒有現量目睹，但通過聞思各自的色身、威力、行為，便可清楚誰有功德、誰沒有功德。

有些人崇拜斷證圓滿的佛陀，有些人信奉遍入天、梵天、大自在天，不論是哪一方，都不是作者的現量境。雖然剛才的歷史中說，他見過大自在天的化身，可並沒有像人與人面談一樣時時接觸，以深入了解其功德；再加上，作者出世時，佛陀早已示現涅槃，因此，對於佛陀、遍入天、梵天、大自在天這四位應供處，作

《勝出天神讚》釋 第一節課

10

者沒有現量見過，不能妄下結論誰有功德。

　　既然不能斷定誰有功德，那為什麼要讚歎佛陀呢？作者說，我雖然沒有親見，但我有十分確鑿的依據，通過教證、理證分析他們之間的不同差別，可以推出佛陀的功德勝過任何天尊。

　　有關佛陀的功德，在《毗奈耶經》、《阿含經》、《俱舍論》等大小乘經論中都有詳細描述；而諸天尊的功德，從印度婆羅門教、原始教的教義及民間故事中，也可了知他們是什麼樣的。對二者的色身、威力、行為進行比較後，作者可以知道誰具功德、誰不具功德，從而抉擇出所應依止的對象。

　　且不說永遠的怙主，就算是世間人的暫時利用，也需要對方具足一定功德。例如，公司招聘人才時，必須考試過關才能錄取，倘若一點學問也沒有，任何單位也不會要的。同樣，我們依止天尊也好、世尊也罷，也要通過智慧進行觀察，誰具足功德才堪為依止處。就像依止一位上師，如果他什麼功德都沒有，跟你一模一樣，甚至還不如你，那依止他有什麼用呢？

　　所以，《殊勝讚》中有一句話說：「我棄餘本師，皈依世尊您，是因唯有您，具德無過失。」意思就是，我放棄大自在天派、遍入天派等其他本師，唯一皈依釋迦牟尼佛您，因為唯有您才具足世間和出世間的一切功德，沒有身語意任何過失。其他聖尊都做不到，因而我

《勝利道歌講記》附《勝出天神讚》

11

要依止您。

上師如意寶經常引用本論的教言，我們後學者也要通過學習，明白自己是拜神還是拜佛。現在很多人特別盲目，尤其是漢地一些偏僻地方，只要看到神像就拜一拜，根本不管拜的是神還是佛菩薩，什麼都懵懵懂懂的，這種行為不是很好。我們作為佛教徒，應以公正的態度來取捨，誰具足功德就去依止誰，誰不具功德就應放棄他，不要有偏袒心，像世間人一樣，親朋縱然是壞人，自己也全力以赴地歌功頌德，而怨敵縱然是好人，也不承認他具有功德智慧，這是不公正的做法。

我們應當客觀地評價佛陀與天尊，不要因為自己是佛教徒，就拼命地讚歎佛陀，或者不是佛教徒，就竭力毀謗佛教各宗，而應該站在公正的立場上，以智慧反覆觀察，最終可以得出結論：整個三千大千世界中，唯有佛陀找不出任何過失。以法稱論師《釋量論》中的豐富比量來證明，佛陀才是唯一的量士夫。若能生起這種定解，才稱為真正的佛教徒。否則，連什麼是佛、什麼是神都搞不清楚，見到一個塑像就開始拜，根本不管具不具足功德，這完全是迷信，我們並不讚歎。我們佛教徒理應具足正信，依靠教理的觀察，辨別開佛與神之間的差別。

若問：佛陀與天神具體有哪些方面的差別呢？

遍入勤持兵刃杵，大天佩飾人頭鬘，

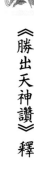

佛一裝束最寂靜，當供寂靜不靜誰？

裝束之差別：遍入天勤於執持兵刃杵，大自在天樂於佩戴人頭鬘，而佛陀的一切裝束最寂靜。我們應當供養寂靜者，誰會供養不寂靜者呢？

遍入天為了護持眷屬、征服統治他眾，手持寶輪、兵刃杵等兵器，這些均由金剛製成。婆羅門的故事中說，曾有一位仙人苦行多年，他死後骨頭變為堅硬的金剛，遍入天、帝釋天、梵天用來做成兵器，經常與非天作戰。

大天（大自在天）貪心比較重，時常住於尸陀林中，將死屍粉塗抹在身上，並佩飾著象徵嗔恨的人頭鬘。

佛陀的裝束最為寂靜，全身上下只有三衣一缽，除此之外並無他物。所以，看到莊嚴寂靜的佛像時，人們會分別念頓息，內心安靜下來。

關於三衣的由來及形狀，有這樣一種說法：佛陀在成道後的最初五六年中，起先沒有制定著衣的規矩。後來在一年的冬天，佛陀遊化時，見弟子們個個穿得不整齊，看起來既失威儀又十分累贅，於是開始規定著衣的要求。當時正值印度的隆冬，佛陀晚上親自試驗：初夜披一件就夠了；中夜覺得冷，於是加一件；後夜時還覺得冷，於是再加一件，這樣就足夠禦寒了。因此，佛陀規定比丘不得超過三衣，這就是「三衣」的由來。

最初的三衣，並不是割截後再拼湊而成，而是一塊

《勝利道歌講記》附《勝出天神讚》

長方形的整布。有一天，佛陀外出時看到道旁的田地，一方方、一塊塊，溝畦分明，便讓阿難照做這樣的衣服，「福田衣」便依此而來。當時佛陀告訴大家，僧衣如果是一塊整布，盜賊偷走之後，稍加改動照樣可以披著，但割截分裂之後，他們偷走也沒有用，如此可減少比丘的損失。

佛陀制定的三衣，代表出家人知足少欲，衣服若比較少，分別念就不會那麼重。很多人出家以後，一件衣服穿幾十年，平時只需一兩件換洗就可以，並不用積累太多的衣服。現在很多在家人，今天換白色的，明天換紅色的，後天換綠色的⋯⋯天天都要為穿什麼而傷腦筋，分別念非常錯綜複雜。所以，通過裝束也看得出來，佛陀的內心極為寂靜。既然如此，我們理當供養寂靜者，還是像大自在天、遍入天那樣的不寂靜者呢？答案顯而易見。

或許有人問：「對持兵器的天尊不應供養，那佛教有些聖尊也持有兵器，是不是也不要供養他們了？」不能這樣一概而論。佛教中有些護法神和忿怒本尊，手上雖然持著一些兵器，但按照密宗續部和護法神故事的說法，這些兵器是用來摧毀煩惱、斬斷分別念的一種標誌，並不是用它去殺害眾生。

有些淺慧者只知其一，不知其二，看到手裡持兵器，就認為統統不能供養，這是不對的。密宗的護法殿

14

中，很多聖尊手持利器；漢地寺院大殿裡供奉的護法神，手中也都持有兵刃。但他們的兵器與外道天尊的截然不同，外道天尊拿兵器是為了與非天作戰，以此去殺戮他們，或者如有些宗教的教義中說，假如有百姓放肆、不信教，則要將他們趕盡殺絕。因此，內道與外道在教義上大有差異，尤其是學了密宗的甚深法義之後，大家就會明白，佛教和外道間有天壤之別。

遍入摧毀塔嘎等，大天毀滅三層城，

能瘦揮矛殺自舅，唯佛諸行利眾生。

行為之差別：遍入天殺死了塔嘎等非天，大自在天毀滅了非天的三層城市，能瘦揮舞短矛殺害自己的舅舅，而唯有佛陀的行為，完全是利益眾生。

上面也講了，佛教有些聖尊雖然手持兵器，但不會傷害任何眾生，文殊菩薩手裡拿著寶劍，可從沒有殺過一隻螞蟻。而其他的外道天尊，就與此大不相同了：

遍入天拿著兵器，摧毀了非天的很多軍隊。公案中說，當他與非天發生戰爭時，手下的很多天人不願意殺生，遍入天就編造一些邪論，聲稱能殺所殺都是空性，大象與天尊也不存在，以一切皆空的名義讓他們參戰，殺害了塔嘎等許多非天。

大天以嗔恨心，用三尖箭毀壞了非天地上、地下、天上的三層城市。《殊勝讚》也說：「大天怒一箭，焚燒三層城。」大天射出憤怒的一箭，將非天的三層城市

15

摧毀無餘。

能瘦，是嘎達嘎天尊，又名六面童子。他的嗔恨心特別嚴重，通過揮舞短矛，將自己的一個舅舅③殺害了。

由此可見，每一個天尊都會殺害眾生，所以在這個世間上，利益一切眾生的唯有佛陀。佛陀從發心直至成佛之間，以及在轉法輪的整個過程中，沒有傷害過一個眾生。他開創佛教不像其他宗教一樣，是為了奪取別人的地位、財產、權力、妻室等，而是自始至終地利益眾生。為了滿足眾生的暫時利益，佛陀在因地時，甚至布施自己的頭目腦髓、家產妻兒，成佛後又以無上的佛法饒益一切眾生。

因此，真正的利他者只有佛陀，除了佛陀以外，不論是天尊，還是其他任何眾生，都難免有自私之心。就像現在西方國家選舉總統，有些人口若懸河、滔滔不絕，講很多漂亮話，說自己上台後百分之百如何如何，結果機會到手之後，他並不是像所承諾過的一樣，已經徹頭徹尾改變了。而佛陀從發願一直到成佛，在漫長的歲月裡是怎麼做的，大家應該非常清楚。

在這個世界上，真正能讓人類獲得和平的，唯有佛教的教義。所以我勸大家學佛、好好修行，並不是為了提高自己的知名度，而是想讓大家得到真實的利益。世間上有各種宗派的理論學說，但這些理論一代又一代被

《勝出天神讚》釋 第一節課

③能瘦的舅舅，有些教典說他叫充充；有些說叫仲仲；有些說是一個山神。

後人推翻，唯有佛陀的甘露妙法顛撲不破，始終都在利益眾生。很多人口口聲聲說要構建世界和平、開創和諧社會，但若將這些口號落到實處，一定要從佛教的利他做起。現在有些貪官講得特別漂亮，尤其是開大會時，講話全是為老百姓著想，似乎跟文殊菩薩和觀音菩薩沒什麼差別，但下來之後，馬上為了自己而放棄眾生利益，與剛才完全判若兩人，這就是沒有利他心所致。

如今很多人大力弘揚其他宗教，儘管此舉也無可厚非，但其宗旨與佛教並不相同，不一定能令國家與國家、民族與民族之間和睦共處。所以，大家在學佛的過程中，切勿將各宗派的教義混淆在一起，不然很容易誤入歧途。

言我護此殺害此，是天神最之宗旨，

佛陀無怨亦無親，增生定勝行饒益。

觀念之差別：宣揚保護親友、殺害怨敵，是天神的究竟宗旨。而佛陀無怨也無親，平等饒益一切眾生，令其皆獲得增上生、決定勝的安樂。

外道的教義中常說，「我要護持這個眾生，我要殺害那個眾生」，自他區分得非常明顯，對幫助自己的眾生要維護，而對不共戴天或弱小無助的眾生，就要進行殺害。（比如，現在人對大熊貓很看重，獵殺牠就要受到懲罰，而對犛牛等旁生則大開殺戒，認為不殺牠們就沒有肉吃，這種邪分別念非常可怕。）其實，外道的教義正如莊子所言：「順我

《勝利道歌講記》附《勝出天神讚》

意者生，逆我心者死。」也就是世人所謂的：「順我者昌，逆我者亡。」隨順自己的可以活下去，而違逆自己的只有死路一條。「人不犯我，我不犯人，人若犯我，我必犯人」，這就是諸天尊的宗旨。

而佛陀是無怨無親的，對眾生一視同仁，乃至最弱小的眾生，也用慈悲心來愛護，不會因有權有勢而恭敬他，也不會因卑微弱小而蔑視、甚至殺戮他。佛陀平等饒益所有的眾生，讓他們暫時獲得人天快樂，有吃有穿，地位財產無不齊全，同時又知道這種快樂不長遠、不究竟，進而引導他們斷除一切煩惱障、所知障，證得究竟圓滿的正等覺果位。

所以，真正的和諧平等，在佛教中可以體現出來。其他宗教或政府雖然提倡男女平等、國家平等，什麼都要平等，卻沒有這種能力貫徹落實。在他們的眼裡，有錢財、有地位、有勢力的人，自然不同凡響，而沒有地位的人，就應受歧視壓迫，甚至對有生命、有感受的旁生，毫無惻隱之心，想殺就殺，想吃就吃，很多行為非常可怕。因此，大家一定要分清外道和內道的差別，分不清的話，自己有時候在學外道也不知道。

現今有些大德學習外道，也許是為了救度外道眾生，就像以前的文殊菩薩一樣，到外道中去毀謗釋迦牟尼佛，以致很多外道相信文殊菩薩並隨學他，最終逐漸被引入內教，個別大德可能也有這種密意吧。但在此過

程中，務必要掌握一些分寸。有的上師說：「宇宙之間只有一位真神，在中國變現為孔子，在印度變現為釋迦牟尼佛，在西方變現為耶穌，在阿拉伯變現為穆罕默德。」並說：「我有把握修學任何一個宗教，都可以到西方極樂世界見阿彌陀佛。」

對於這種觀點，有人就駁斥道：作為佛教徒，了解外道教義是可以的，但若自己隨學，並勸他人隨學，這完全違背了佛教的戒律，如《優婆塞戒經》云：「如是菩薩，雖知外典，自不受持，亦不教人。」

而且，外道能往生極樂世界也是不現實的。《觀無量壽經》中云：「欲生彼國者，當修三福。」佛陀說，往生極樂世界的人，一定要修三種福④，第一福是「慈心不殺」，第二福是「受持三歸」，第三福是「發菩提心」。許多外道都殺生祭祀、喝酒吃肉，如此修行不可能往生極樂世界。

這種破斥也有道理。假如分不清外道和內道，為了搞好團結，就說大家都有往生極樂世界的機會，不需要修極樂世界的三種福，也不必念阿彌陀佛，哪怕念誦外道的名號或經典，也能輕而易舉地解脫，這是不合理的。除非你有特殊密意，否則，一定要分清內外道的差別。

當然，從行為上看，有些外道也有可取之處，譬如

《勝利道歌講記》附《勝出天神讚》

---

④經中云：「一者孝養父母，奉事師長，慈心不殺，修十善業；二者受持三歸，具足眾戒，不犯威儀；三者發菩提心，深信因果，讀誦大乘，勸進行者。如此三事名為淨業。」

勸人做慈善公益、促進世界和平，這些我們可以借鑒學習。但若將自他的見修行果混為一談，則很容易步入錯誤的迷途，這方面大家要注意！

遍入語生貪等患，大天所行如瘋人，

如來過咎無餘遣，孰堪大師當分析！

煩惱之差別：遍入天的語言能引生貪心等過患，大自在天的行為猶如瘋子，而佛陀的三門遠離過咎、清淨無染。他們誰堪為依止處？大家理當分析。

遍入天說出來的語言，能令人生起貪心、嗔心、癡心等煩惱過患。前面也講過，遍入天以「一切皆空」來勸誘天人殺生，而且還說娶自己的至親沒有過失，殺害親眷也無有罪業，語言中有許許多多過咎。

大天的行為就像瘋狂者一樣，極其過分。外道傳說中言，為了引誘仙人們的妻子，大天赤身裸體在她們面前行走，致使很多仙人的妻子對他的男根生起貪心，之後仙人開始詛咒，他的生殖器如大象鼻子一樣落到地上……現在的印度和尼泊爾，也有許多外道供奉生殖器，他們視石製的生殖器為皈依處，天天用花鬘進行供養，行為如瘋子一樣。

而佛陀的內外密身口意三門完全寂靜，具有遣除眾生貪嗔癡一切過患的智慧與悲心，佛陀的語言根本沒有錯誤，行為也絕對遠離過咎。

尤其是若能依止佛陀出家，如理如法的修行人會非

《勝出天神讚》釋　第一節課

常寂靜，生活非常快樂，沒有任何壓力，也擺脫了大大小小的嫉妒衝突。我們在座很多修行人，自己一年中的快樂，外面的人很多年也得不到。不過，有些人體會不到這一點，有個居士長期學佛，原本非常精進，但前不久他跟我說：「我學佛已經可以了，現在要好好搞一個世間法，好好成立一個家庭，好好享受一下！」可是他的命不太好，一直沒有達成所願。

總之，通過對比天尊與佛陀這二者，理應依止具貪嗔癡的天尊，還是無貪無嗔、圓滿覺悟的佛陀，大家要心中有數。如果依止釋迦牟尼佛，自己可以證悟實相，從三界輪迴中獲得解脫，還能令其他眾生脫離痛苦泥沼，獲得覺悟，《大乘義章》云：「既能自覺，復能覺他，覺行窮滿，故名為佛。」因此，到底該依止誰的教派？自己應該好好想一想。

誰無慈悲勤傷他？誰成眾生皈依處？

誰具貪兮誰離貪？深思此中應供誰？

結論：誰無有慈悲而勤於傷他，誰有資格成為眾生的皈依處？誰具有貪心，誰又遠離貪心？通過反反覆覆衡量，應當明白誰才是真正的應供處。

我們通過自己的智慧分析之後，應該清楚：誰對所有眾生具足慈悲，而誰不但沒有慈悲，還要傷害無量眾生？誰堪為眾生的皈依處，而誰不堪為皈依處？誰具足貪心，而誰不具貪心？明白這個道理後，就知道誰可以

《勝利道歌講記》附《勝出天神讚》

皈依了。

　　皈依不是那麼簡單的，現在有些人碰到一個上師，就馬上皈依，其實不能這樣草率。不管是上師也好、佛陀也好，你要想皈依的話，首先應觀察他的功德。比如世間的天尊，他們的貪嗔癡像重重山巒一樣此起彼伏，皈依他們有什麼用呢？還有些外道見到旁生就殺，對不信教者肆意殺戮俘虜，這樣的教徒極易變成恐怖分子或極端主義者，對此怎麼可以皈依呢？而佛教完全是慈悲為懷、利益眾生，如此教義世間罕有，確實值得我們託付身心。當今時代，種種教派如商品般琳瑯滿目，大家有幸遇到唯一值得依止、如意寶般的佛教，實在是往昔善根成熟所致，否則，在烏雲密布的輪迴曠野中，真的很難找到通往目的地的道路。

　　對於佛教，我們不能光是口頭上讚歎，一定要通過智慧來觀察。《長阿含經》中有則公案說：有一次，佛陀以及眷屬四方遊化，在佛陀一行人的後面，有一對外道師徒正好也同路。一路上，外道弟子不斷讚歎佛陀的功德，而外道上師一直毀謗佛陀。他們兩人爭執不息，晚上過夜時，還在那裡不停地爭辯。

　　眾弟子把這個情況告訴佛陀，佛陀說：「你們如果聽到別人稱頌佛陀，不要感到歡喜、愉快，對其讚歎有加；如果聽到別人毀謗佛陀，也沒有必要傷心、憤怒，甚至懷恨在心而意圖報復。因為這樣只會給自己帶來障

《勝出天神讚》釋　第一節課

22

礙，不能如實地判斷別人所說是否有道理。」

接著，佛陀又說：「一般凡夫都只從一些表面行為來讚歎佛陀，不能從佛陀所證得的深奧、微妙、大光明之法這方面來讚歎。只有從佛陀所證得的深奧、微妙、大光明之法來讚歎，才是真正如實地讚歎佛陀。」

然而，一般世間人難以了達佛陀的功德。《殊勝讚》中說，凡夫人對造罪業極為擅長，即使是再愚笨的人，生貪心、嗔心、癡心也易如反掌，而對功德卻了解得少之又少，這樣一來，不可能真實了解佛陀的甚深境界。因此，佛陀告誡弟子，別人讚歎佛陀沒必要過於高興，別人毀謗佛陀也不必過於悲傷，這方面不應有任何執著。

不過，從我們的角度來講，假如讚歎佛陀的人越來越多，就會為世界增加一分和平安詳。反之，如果不讚歎佛陀、不皈依佛陀的人越來越多，人們的自私自利越來越嚴重，整個世界會出現很多不安定因素。

現在的社會提倡快速發展，可是僅僅經濟發展了，而利他心沒有得以發展的話，人心會越來越貪婪，社會也越來越不安寧。如今，大城市裡的高樓大廈一年比一年高，今年是72層樓，明年就84層樓，一直往空中發展，但這樣的結果是：物價一年比一年高，糧食一年比一年少，人心一年比一年貪，最後物質增長與道德滑坡完全成正比。以前經濟落後時，人們還算快樂安逸，而

《勝利道歌講記》附《勝出天神讚》

現在，生活水平提高了，開的轎車很豪華、房子裝修得很舒適，可人們內心的痛苦卻加劇了。這是為什麼呢？就是因為利他心日益銳減，物質生活雖有翻天覆地的變化，但是人們並不快樂。我們作為修行人，要明白快樂來自於內心，若想真正得到快樂，須從釋迦牟尼佛的教義中尋找，否則，若依止其他外道的學說，就會像小孩尋彩虹一樣越追越遠，最後得不到任何結果。

因此，現在人非常需要佛法的引導，如果佛法能在人間得以廣弘，貪心就會越來越少，人與人之間的爭鬥矛盾會自然消失。就拿一個家庭來說，假如妻子的貪心大，為了丈夫經常生嫉妒心，有了嫉妒就會引發嗔恨，進而其他煩惱也紛紛湧現，但若依靠佛法的對治鏟除貪心，一切矛盾即會當下平息。因此，在這個社會中，佛法是唯一包治百病的良藥，倘若缺少了它，人們縱然沒日沒夜地尋找快樂，終究也會徒勞無獲，甚至還會自取滅亡。

第二節課

若問：為什麼不應禮敬外道天尊呢？

帝持金剛力犁遍入輪，瘦矛大天三尖住寒林，

愚無悲持殊刃苦畏逼，恆勤殺生智者誰禮敬？

帝釋天手持金剛，具力天子握著犁刃，遍入天拿著寶輪，能瘦持著短矛，大天持三尖箭住在尸陀林。這些愚者沒有大悲心，手持兵器給他眾帶來痛苦逼迫，恆時精勤地殺害眾生，對此智者誰會去頂禮呢？

外道所供奉的天尊都有過患，作為佛教徒，皈依佛後不能供奉外道天尊，否則就違反了皈依戒。如果是非佛教徒，雖然可從天尊那裡暫時得到一點利益，但究竟來講，天尊既不能賜予增上生的一切人天福報，更不能賜予決定勝的究竟解脫，因此不應皈依外道天尊。

從天尊的故事中也可以看出，他們並不完全是利益眾生者，供奉天尊對自他不一定有大利益。比如，帝釋天持著摧毀敵軍的金剛；具力天子手握毀滅對手的犁刃；遍入天手持殺害非天的鋒利寶輪；能瘦（六面童子）手裡持著短矛；大天持三尖箭始終住在尸陀林裡，與享用血肉的鬼神聚在一起，做種種危害眾生的事情。這些天尊非常愚笨，對眾生沒有無緣的大悲心，手裡持著各種各樣的兵器，給自他帶來痛苦和危害。即便是天尊之間，也經常發生內戰，以兵器殺害很多天人。所以，對

25

這些殘忍暴力的天尊，具有智慧的人不應該恭敬頂禮。

要知道，這些天尊自己也束縛在輪迴中，自顧尚且不暇，又怎麼可能救我們呢？故麥彭仁波切在《君規教言論》中說：「一切遭受恐怖者，多數皈依山森林，以及殿堂與神樹，此等並非真依處。」一切遭受恐怖的人，大多數會皈依大山、森林、城隍廟、神樹，但這些解決不了生死大事，並不是究竟的皈依處。這個道理，《勝幢經》中也闡述過。因此，我們唯一應皈依釋迦牟尼佛為主的諸佛，這才是無謬的皈依之處。大家平時在修行過程中，或在日常生活中，遇到一些恐怖危害、病魔纏繞、不順之事時，內心首先要皈依佛陀，祈禱諸佛菩薩、金剛上師以無緣智慧和無邊能力來加持自己，無論遇到什麼困難，均要視為佛陀的加持。

現在很多人分不清佛和神的區別，不要說普通的老百姓，有時候就連一些大法師，在講經說法或者領眾修行時，也對內道和外道混淆不清。也許他們是菩薩的化現，其密意根本無法揣測，但一般來講，什麼該皈依、什麼不該皈依，佛經中講得非常清楚，如果全部混在一起，對弟子的相續不一定有利。雖然從世間角度看，可以說「大家要團結起來，外道和內道是一家人」，然從出世間的角度講，佛教有不共的修行方法，我們應該選擇出世間修行，這是很重要的！

若問：既然不能皈依天尊，那為什麼要皈依佛陀

《勝出天神讚》釋 第二節課

呢？

不持三尖亦無貪懷女，不握鋒輪短矛犁之刃，

解脫煩惱智者勤利他，世間皈處大仙我皈依。

眾生怙主佛陀與天尊截然不同：他不像大天那樣以
嗔心持著三尖箭，也沒有以貪心懷抱女人，沒有像遍入
天那樣手拿鋒利的寶輪，沒有像能瘦那樣持著短矛，也
不像具力天子一樣拿著犁刃。既然沒有兵器降伏敵眾，
那又如何成為三界至尊呢？原因是佛陀已徹底調伏自
心，脫離了貪嗔癡為主的八萬四千煩惱，並且一直精勤
地利益眾生。所以，在這樣的大仙面前，我虔誠地皈
依。

一個人如果離開了貪嗔之網，就不需要兵器保護自
己了，需要保護的只是凡夫人。以前奔公甲在家時腰間
佩帶著兩三把刀，仍然覺得不敷防備，他出了家以後，
丟下防身的武器，仇人反倒一個也沒有了。同樣，佛陀
雖然沒有持著兵器，但他已經獲得了解脫，永斷貪嗔癡
煩惱之結，遠離所知障以及愛染等煩惱障，超越生死輪
迴的瀑流，誠如《隨念三寶經》所言：「永斷諸結，脫
離熱惱，解脫愛染，越眾瀑流。」因此，佛陀根本不必
持有武器。

而且，佛陀的所作所為，是常年如一日地利益眾
生，任何眾生向他祈求，他都會賜予保護。而不是像世
間人一樣，對一個人值不值得保護，還要分很多層次，

佛陀見到任何眾生遭受苦難，都不會坐視不理。因此，世間上最大的平等、和平，只有在佛教的教義中有，其他宗教所提倡的人與人和平，並沒有涉及動物界，只是暫時的和平而並不究竟。

　　因此，我們勸大家學習佛法，不是為了擴充自己的勢力，與其他的宗教搶弟子，而是覺得佛教的教義珍貴無比，對每個眾生的生生世世都有利，這樣的甘露妙法大家要是得到該多好啊！如果有人皈依三寶，我們心裡確實很高興。哪怕一個人皈依佛陀，按照佛陀的教義去行事，幫助所有的眾生，我們再怎麼辛苦也願意。這個世界上，皈依佛陀利益眾生的人越多，戰亂和災害越會得以平息。佛陀的這種利他，並不是短短幾十年的舉動，而是流傳百世的行為。

　　佛教的利他精神，其他任何宗教、學說都無法比擬。很多宗教的創立，是凡夫人依靠分別念，為了達到一個目標而故意創造樹立的，暫時看來似乎很有道理，可以吸引大量信徒，但若真正深入研究，就會發現是某一個人的目的或者政權，不可能利益所有眾生。而佛陀，正如《大智度論》所言：「一切種智者，觀種種法門，破諸無明。」為了不同眾生得到利益，佛陀宣說了不同法門，這些法門沒有一個是害眾生的，全是幫助眾生和利益眾生，除此以外，佛陀的教義再沒有其他了。

　　這麼好的法門，誰得到都值得高興，自己得到是自

己的福報，別人得到也要隨喜，只要皈依佛門、學了佛，肯定對今生來世都有幫助。這種發心不是像世間人那樣，希望自己的勢力越來越擴大，然後用自己的力量消滅對方，而是純粹想利益他眾。

因此，通過與外道的行為、發心、目標進行比較，大家要明白佛教的殊勝性。佛教中唯一提倡的就是利他，其他外道雖然暫時幫助別人，比如建醫院、做一些慈善，但做不到真正的平等，對犛牛、異教徒等會大開殺戒。可是佛教不是這樣，即使對於怨敵，也會布施自己的身體，這種偉大的精神在世間上絕無僅有。這一點，我們不是像孩子讚歎父親一樣心存偏袒，而是通過對各自教義進行對比，站在公平的立場上發言的，最後得出一個結論：其他外道都離不開自私自利，而佛法完全是無我利他，就像如意寶珠般極為難得。

若問：憑什麼說天尊有很多過失，而佛陀沒有絲毫過失呢？

大天隨愛無恥娶害妻，遍入過凶作廢瘦滅親，

母食人肉俄瑪殺非天，邪師貪酒而佛無少過。

大自在天隨自己的貪念，在人前顯露各種無有羞恥的行為，娶俄瑪得瓦等具害心的女人為妻；遍入天的嗔恨心相當可怕，凶狠殘暴地殺害了曼摩等敵人；具力天子的行為無有慈悲，殺死了敵方很多眾生；能瘦也在嗔心的引發下，殺害自己的舅舅等親人；梵天母、帝釋

29

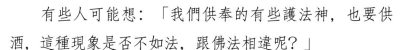

母、大自在母等八大天女，表面上看來可愛美麗，實際上特別殘暴，殺害了許多眾生，尤其是經常到尸陀林裡喝人血、吃人肉、做不如法的行為；俄瑪天女以嗔恨心和嫉妒心殺害了瑪黑非天；邪師象鼻天⑤貪執美酒。而唯有佛陀不具任何過失。

有些人可能想：「我們供奉的有些護法神，也要供酒，這種現象是否不如法，跟佛法相違呢？」

這個問題在密宗中有解釋。當年蓮花生大士來藏地時，降伏了很多鬼神，讓他們發願護持佛教，不危害眾生。這些鬼神本來是吃肉喝酒的，許多惡習不能改變，蓮師就特別開許：「只要你們今後竭力維護佛教、不殺害眾生，原來的生活習俗可以不變，你喜歡酒的話，我們也可以供奉酒。」如此承諾之後，他們甘願當佛教的護法。

包括現在漢地的關公，在南方一帶也有供肉、供酒的現象。雖然有些是民間傳統，但對於世間鬼神，有時候不能要求太高，就像有些居士一樣，讓他的所作所為完全像出家人，他暫時沒有達到這種境界，所以可有特殊開許。同樣，對那些鬼神而言，只要是過失不太大、不傷害眾生的供品，可以暫時滿足他們，但有一個條件是：他們必須要維護佛教、維護高僧大德，不能殺害眾

⑤象鼻天：印度教的護法神，象頭人身。相傳為大自在天之長子，掌管天庫。修其法者，可令財富豐足，故民間從商者皆奉為財神。

生。如是共同簽訂協議之後，佛教徒可以給護法供酒。然而，外道很多天尊不是這樣，他們並沒有在高僧大德面前承諾過，完全是以貪心而飲酒，對這些天神經常供養沒有實在意義。

總之，與諸多天尊不同的是，佛陀沒有任何過失。《天問經》中云：「何人無過失，何人不失念，諸功德成就，唯有佛一人。」佛陀沒有絲毫過失，也不會有喪失正知正念的情況，不像我們凡夫人，本來想得清清楚楚，結果一下子就忘光了，什麼也想不起來。佛陀沒有這樣的過失，反而具足悲心、利他心、智慧、信心等所有功德，因此，唯一的量士夫就是佛陀。

不但佛陀不具有上述貪嗔癡等過失，即便是追隨佛陀的修行人，若能如理如實地行持，也不會增上貪嗔癡煩惱。現在有些人對佛法不太了解，對密宗更不了解，認為藏傳佛教中有一些引生貪嗔癡的教義，這是絕對沒有的。我們在這裡聞思那麼多年，根本找不到一句能增上貪嗔癡的語言——當然，假如你自己沒有通達教義，那就另當別論了。

若問：你這樣口口聲聲地讚歎佛陀、說天尊不如法，是不是有偏袒心啊？

有壞非親外道非我怨，彼等餘行亦非現量見，
耳聞言行各自之差異，信佛功德超群我依止。

作者很明確地表態說：絕對沒有。出有壞佛陀不是

《勝利道歌講記》附《勝出天神讚》

我的親戚，外道不是我的怨敵，他們的行徑我也沒有現量見過，但由於耳聞了佛陀與天尊的不同言行，我相信佛陀的功德更為超勝，所以才恭敬依止佛陀。

出有壞，是指佛陀的斷證功德，即「出」離有寂二邊，「有」六種妙德⑥，能「壞」四魔⑦。如此出有壞的佛陀，並不是作者的親人，而外道淡黃派（數論外道）、順世外道、勝論外道等，也不是作者的怨敵。因此，他不會刻意偏袒某一方，也不會以一兩個行為就判斷誰是好人、誰是壞人。而且，他沒有現量見過佛陀和天尊的行為。那為什麼口口聲聲地讚歎佛陀，而不讚歎天尊呢？

這樣做是有原因的。因為他聞思過內外道的很多典籍，從《毗奈耶經》等大小乘經典中了知佛陀所有的發心及行為，從外道古籍中也對外道的言行舉止瞭如指掌，通過不斷地分析辨別，最終明白在三界當中，唯有佛陀才是真正的利他者，擁有至高無上、超勝一切的功德。《白蓮花經》中也說：「佛陀功德不可思，佛法功德不可思，僧眾功德不可思，深信不可思議者，獲得不可思功德。」佛陀所揭示的勝義諦、世俗諦以及利他道理符合於真理，不會隨著時代的變化、王朝的更替而改變，哪怕是過了幾千年、幾萬年，對眾生仍然是有利

---

⑥六種妙德：自在、祥瑞、美名、身莊嚴、智慧、精進。
⑦四魔：天子魔、死魔、蘊魔、煩惱魔。

的。

因此，作者不是因為外道是怨敵就排斥他，佛陀是親人就讚歎他，而是認真對比二者的功過後，才心甘情願皈依佛陀的。不像世間人一樣，在護親滅敵方面極為擅長，親友沒有功德也要竭力讚歎，敵人沒有過失也要憑空捏造。包括有些道友，看不慣一個人，哪怕他沒有犯戒律，也要說他如何如何破戒；而對關係比較好的人，就算他為人非常壞，也覺得他跟釋迦牟尼佛沒什麼差別。很多人對自他懷有貪嗔，所以評價不公正，但作者絕對不是這樣。

善逝非父外道非我敵，如來未予我財外未掠，

然佛世尊說唯利眾生，無垢除一切染我誠信。

作者進一步說：善逝（佛陀）並不是我的父親，數論外道、順世外道等也不是我的仇敵；佛陀並沒有賜予我地位、財產、權勢，外道也沒有搶奪我的地位、財產、權勢。然而，佛陀在教言中說要唯一利益眾生，遣除一切害他的垢染，這是令我最佩服、最生信的地方。

佛陀的一舉一動、一言一行，從來沒有離開過利他。如聖天論師說：「諸佛所動作，都非無因緣，乃至出入息，亦為利有情。」佛陀三門所有動作並非無因無緣，乃至呼氣、吸氣，也是為了利益眾生。不像我們凡夫人，雖然說了很多話，一大半都是為自己，而佛陀說的話，自始至終唯一是利他，語言沒有任何垢染，絕不

會雜有妄語、離間語、惡口、綺語，全部都對眾生有利。因此，衡量外道和佛陀的言行之後，作者對佛陀從心坎深處生起信心。

我們學這樣的佛讚很有必要。否則，現在的社會非常複雜，有許多特別混亂的思想，還有錯綜複雜的各種學說和教派，以致很多人找不到方向，聽這人說一個，覺得挺有道理，聽那人說一個，也有非常吸引人的地方，自己頭腦比較簡單，由於對佛陀和佛法沒有生起堅定的信解，像牆上蘆葦一樣隨風飄動，被很多似是而非的道理所迷惑，有捨棄佛法的危險性。所以，我們應該像作者一樣，不要因為自己是佛教徒，就盲目地讚歎佛陀，在這個世界上，誰有真理，就應當依止誰。但通過多方面的觀察可知，除了佛陀的教法，其他教義都沒有多大意義。

鑒於此，從今年開始，我對菩提學會的道友們發起倡導——用佛法來教育自己的孩子。現在很多父母沒有好好教育孩子，雖然讓他們上學，但沒有教他們如何做人。所以我想要求大家，盡量把這些孩子在週末時組織起來，看一些讚歎佛陀的偈文等等。若能從小這樣串習，他們長大後一定對佛教和整個人類有利！

若問：一言以蔽之，佛陀主要有什麼功德呢？

恆喜利他常時益群生，苦難重重有情令安樂，
如手掌物洞徹諸所知，無與倫比仙人我摯信。

《勝出天神讚》釋 第二節課

34

恆常喜歡利他、時時饒益眾生，對苦難重重的有情賜予安樂；對萬法的實相洞徹無礙，如觀掌中庵摩羅果般清晰了然。對此無與倫比的大仙人，我生起誠摯的信心。

佛陀從發心乃至成佛，始終歡喜利益眾生，這種利益眾生不止是一個心願，而且在實際行動中，一直以六度四攝貫徹始終，看到苦難重重的眾生，就想方設法暫時解除他的身心痛苦，最終讓他獲得圓滿解脫。而且，佛陀的盡所有智、如所有智對萬法無所不知，對世間萬事萬物瞭如指掌，就像看手掌中的庵摩羅果般一目了然。如此利益一切眾生、具無比智慧的佛陀，在三界中無與倫比、極為罕見。

月稱菩薩說：「具智慧世尊，一切身語意，無有為自利，唯行利他眾。」世間上唯有佛陀的身口意皆為利益眾生，斷除了自私自利，而且通達世俗與勝義的實相。不僅僅是他自己通達，同時還依各種方式讓千千萬萬的眾生開悟，使他們永遠脫離苦海。

一是利益一切眾生，一是通達一切萬法，這是佛陀的兩大不共特徵。龍猛菩薩也說：「瞿曇大聖主，憐愍說正法，悉斷一切見，我今稽首禮。」意思就是，大慈大悲的喬達摩大聖主（佛陀），有兩個最大的特點：一是憐憫一切眾生，宣說正法而令其解脫；一是徹達萬法的真相，斷除一切邪知邪見。在如是圓滿的佛陀面前，龍猛菩薩以三門恭敬頂禮。

《勝利道歌講記》附《勝出天神讚》

我們應該反反覆覆念這個偈頌，在世間大怙主佛陀面前，若能經常這樣讚歎禮敬，自己的分別念可以隨著真理轉，最終佛陀的悲心、智慧、力量定會融入相續，進而對佛陀生起《定解寶燈論》中所講的不退轉信心。

若問：緣佛陀頂禮會有什麼樣的果報呢？

誠心信奉或歡喜，懷疑抑或顧他面，

何者作禮能仁王，彼得天界圓滿樂。

我們若發自內心對佛陀生起虔誠的信心；或者依靠朋友介紹、自己看到佛像，而對佛陀心生歡喜；或者心存懷疑，覺得頂禮佛陀或許有功德；或者自己本不願供佛禮佛，但礙於他人情面，不得不在佛像前頂禮⑧。無論以什麼樣的發心作禮，由於佛陀是見聞接觸的功德福田，依此功德，以後都能轉生於天界。

《阿含經》中講過，禮佛有五種功德⑨：一、相貌端正，身相莊嚴；二、聲音好聽；三、具足財富，錢包裡的錢多多有；四、生於富貴家、貴族家；五、命終後轉生天界。禮佛的功德不可思議，無論以什麼樣的發心禮佛，哪怕以嗔恨心或蔑視的眼光注視著佛像，也有無量功德。如《華嚴經》云：「見聞供養彼等佛，亦增無

⑧以前有一個領導特別狠，平時對佛法一點都不恭敬，口口聲聲毀謗佛陀。有一次，他跟他的上級來我們學院視察，到了大經堂的時候，他上級看到佛像就合掌頂禮，他東看西看，見所有的人都在頂禮，自己一個人站著也不好意思，於是彆彆扭扭地一起作禮。這就屬於「顧他面」。

⑨《增一阿含經》云：「承事禮佛有五事功德。云何為五？一者端正。二者好聲。三者多財饒寶。四者生長者家。五者身壞命終，生善處天上。」

量大福聚。」以佛陀作為對境，見到、聽到或供養、頂禮，都會產生極大的利益。所以，即使有些人不信佛，讓他參加法會看到一些佛像，這樣功德也很大。我有時候去一些旅遊勝地時，見那裡有成千上萬的人，心裡經常想：「這裡有一座佛像多好啊！不管以什麼樣的心態看，對他們都有非常大的利益。」

關於禮佛可以升天，佛經中有這樣一則公案：從前佛陀在世時，有位長者每天去供養佛陀，聽佛陀開示。長者的妻子嫉妒心比較強，看他天天都往外跑，有點不放心，覺得他可能有問題。一天，她實在忍不住了，就問長者：「你天天都出去幹嘛？」長者回答：「我去見釋迦牟尼佛。」「釋迦牟尼佛是不是長得很漂亮，所以吸引你天天都往那兒跑？（在她眼裡，只有長得好看才可以經常去。）」長者聽了，覺得很好笑，就告訴妻子：「佛陀相貌是非常莊嚴，但佛陀的功德遠不止於此……」妻子聽後有點仰慕，便要求帶自己一起去見佛陀。

當他們倆到達時，佛陀正在為眾眷屬說法，周圍的人特別多，他們只好站在遠處，遙望著佛陀。長者妻子見到佛陀的莊嚴身相，不由得生起無比信心，雖然自己未能靠近佛陀，但情不自禁地朝佛陀至誠頂禮，然後就回去了。

多年以後，長者妻子壽盡命終，因為禮佛的功德而轉生天界，在天上享受天福。她用天眼觀察到自己的生

天因緣後，內心非常感恩佛陀，於是來到佛面前聽法，當下證得初果。

由此可見，禮佛的功德確實非常大。

若問：外道教典中說，佛陀是遍入天的一個化身，這種說法是否可靠呢？

相傳古昔遍入天，聞世生老病死轉，

為救眾人發勝心，慈悲勤生釋迦族，

名曰瞿曇於人間，得以成佛乃傳言，

煩惱蠢人由愚癡，不知大師行饒益！

有些外道古籍記載，遍入天有十個化身⑩，其中之一就是釋迦牟尼佛。這是怎麼說的呢？相傳在久遠以前，遍入天看到眾生隨生老病死而流轉輪迴，生起了極大的悲心，為救護這些可憐眾生，他發下非常殊勝的願，以慈悲力降生於釋迦族中，這就是喬達摩，或叫瞿曇童子。他以此身分精進修持，最後在印度成佛。但作者說這是一種謠傳。因為遍入天的整個歷史，從頭到尾講了很多殺生作戰的故事，而釋迦佛從發心到成佛也沒有傷害一個眾生。所以，被無明愚癡所障蔽的愚者，根本不知道佛陀饒益眾生的行為。

佛陀不會有傷害眾生的行為，就拿即生來說，按照《寶性論》的觀點，釋迦牟尼佛來到人間主要示現了

⑩傳說遍入天有十個化身，分別為：魚，龜，野豬，人獅，倭人，持斧羅摩，羅摩，黑天，佛陀，迦爾基。

十二相：1）從兜率天降臨人間；2）入胎；3）在藍毗尼花園降生；4）學工巧等；5）在眷屬中嬉戲，享用妃嬪；6）生起出離心出家；7）六年苦行；8）往詣印度金剛座；9）降伏魔軍；10）大徹大悟；11）三轉法輪；12）示現涅槃。這十二相裡根本沒有遍入天的殺害眾生、與他眾作戰，以及各種不如法行為。所以，外道的典籍並不符合歷史。

現在有些外道把釋迦牟尼佛與他們的祖師或創始人合在一起，聲稱是一個聖者的兩個化身。很多佛信徒也信以為真，覺得釋迦牟尼佛跟外道本師一模一樣，所以到外道殿堂時，對外道本師也像對釋迦牟尼佛一樣頂禮。當然，各宗教之間要和平團結、理解包容，以這樣的世間理念對天尊恭敬尊重也可以，但如果你真認為他們的祖師就是釋迦牟尼佛，那說明你對佛教一竅不通。

昨天有個人問我：「某某上師到外道殿堂去頂禮，我想不通怎麼辦？」我說：「他要是真正的善知識，此舉可能含有攝受外道的甚深密意。但即便如此，他自己也要非常清楚：外道祖師公元多少年來到人間？從他創教到現在殺了多少眾生，身負多少血債？這跟釋迦牟尼佛利益眾生的教義是否相違？對此應當了然於胸。」

所以，有些修行人以後要注意，不注意的話，聽一些上師的教言就全盤接收，根本不分外道與內道，這是不明智的行為。有些上師雖然有名聲、有威望，但這不

《勝利道歌講記》附《勝出天神讚》

重要，真理才是最重要的。我們作為佛教徒，生生世世不要造墮入地獄的因。有些人為了所謂的團結，為了得到人們讚歎、恭敬、供養，就把佛教的教義拋之腦後而隨順外道，這是不合理的。比如外道提倡發動戰爭，你作為出家人，為了隨順，也帶上長刀、拿著短槍跟著他們跑，這沒有任何必要。儘管有時候應該隨順別人，但關鍵問題上沒有必要隨順。對家人、對好友也是如此。

現在有些佛教徒學得比較雜，修行也不知道方向，自認為是一個清淨的佛教徒，但到底怎麼樣還需要觀察。學這部論典的主要目標，就是把神和佛區分開來。雖然按照密續、經論的觀點，有些神也是諸佛菩薩的化現，但你不認識的話，就不用皈依他，這在佛經中有明確開示。否則，覺得外道天神中有諸佛菩薩的化現，就要皈依所有的外道，這樣自己也會變得糊裡糊塗。因此，希望大家對有些教理要學習，不然的話，帶徒弟會不會讓他誤入歧途也很難說。

本論的作者非常出名，他對外道並不是完全排斥。有些人因為是佛教徒，就視外道不共戴天：「你是學那一派的，不是學我這派的，不要到我跟前來！不要接觸我！」這也沒有必要。但自己的言行舉止要有一個標準線，在有些行為和發心方面，理應經常觀察、思維。

《勝出天神讚》釋 第二節課

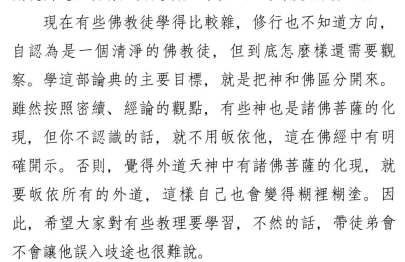

第三節課

　　若問：還有什麼理由證明佛陀不是遍入天的化身呢？

何時以貪嗔，非天家奪寶，

貪慧行奸計，奪取一切地。

遍入未解脫，癡人皆供禮，

佛陀定解脫，凡愚不敬禮。

　　遍入天在某一個時候，以深重的貪心和嗔心，用狡詐詭計先奪取了非天的如意寶、甘露等家財，後在貪心的驅使下，又騙取了非天所控制的整個大地。遍入天並未解脫相續中的煩惱，愚癡的人卻紛紛供養禮拜他，而佛陀決定具足解脫的功德，凡愚者卻不知禮敬。

　　遍入天跟佛陀有非常大的差別，但世人因為愚癡的緣故，不一定懂得這個道理。從前，遍入天為了搶奪非天統治的地盤，變化成一個矮小的天人，到大力非天前祈求賜予一塊地。非天問他需要多大的地方，他說：「只要我身體覆蓋的地方就可以。」大力非天滿不在乎地答應了。遍入天遂以神變力化現出龐大的身軀，將整個大地都覆蓋了。大力非天後悔莫及，只好讓出了自己的地盤。

　　這是《吠陀》的一個故事。《吠陀》裡的故事，有些是有依據的，有些只是一種傳說。但這個故事在印度

古籍中經常引用，在藏地詩學中也隨處可見。作者以此作為依據，用來說明遍入天具有貪心，貪執別人的財寶、別人所統治的大地；見到別人使用，他也會生起極大的嫉妒和嗔心，通過各種手段搶到自己手裡。

從遍入天的行為可以看出，他並沒有擺脫貪嗔癡等八萬四千煩惱，可成千上萬的愚癡者，卻盲目地崇拜遍入天。在印度來講，最大的兩個派系，就是遍入天派和大自在天派，有無數人信仰供奉，其殿堂裡的朝拜者每天絡繹不絕。佛陀與遍入天、大自在天比起來，無論是所證悟的智慧、所斷除的障礙，各方面都遠遠超勝，而且具足一切解脫的功德，自相續脫離一切束縛，能饒益無量無邊的眾生，然而在這樣的聖者面前，頂禮的人可謂少之又少，凡夫愚者根本不知道佛陀的功德。

如今世界上的很多國家，除了不丹、斯里蘭卡、印度尼西亞等信奉佛教外，大多數都不信仰佛教。2008年的一本書裡說，現在全世界有六十六億多人，五十多億人有宗教信仰，佔總人口的85%。其中基督徒最多，約二十二億人，佔世界總人口的1/3；穆斯林約十三億人，佔總人口的1/5；佛教有三億多人。從這些數據來看，學佛的人並不是很多。當然，這只不過是統計的人數，若加上沒有統計的佛教徒，肯定遠遠不止這個數字。比如現在有很多公務員，每天都在學佛、念佛，但不敢公開，連皈依證都不敢辦，到寺院去也是東看西看，生怕

《勝出天神讚》釋 第三節課

有電子眼、監控器，所以這些人肯定不在統計範圍之內。

不過，就算加上這些人，學佛的人也仍然不多。為什麼不多呢？《殊勝讚》中講過，因為佛教的教義高深莫測，大多數凡夫望而卻步。譬如，世間天珠或如意寶的價值，具有智慧的人才了知，一般人根本不懂。同樣，非常粗淺的知識，很多人都願意接受，而甚深微細的佛法，他們卻不願追隨。《四百論》也說：「婆羅門離繫，如來三所宗，耳眼意能知，故佛法深細。」印度三大宗教分別為婆羅門教、離繫外道、佛教，其中婆羅門教講究歌詠唱誦的音律，主要是耳根的對境；離繫外道以外表行為為主，一絲不掛地修行，不進飲食而依於五火，主要是眼根的對境；而佛教的深奧境界，主要是意根的對境，必須以甚深智慧才能了悟。

大家都知道，知識越深細，學的人就越少。就像一個最好的大學，學生考上的可能性很小，一百個人只有兩三個被錄取，同樣，對極為甚深廣大的佛教，學的人少也是正常現象。前段時間，我到青海去看一個著名的藏醫，他在辦公室裡長吁短嘆：「藏傳佛教好似如意寶一樣珍貴，但懂得的人實在太少了。不過還可以吧，反正也有少數，佛陀不是說了嘛，『深寂離戲光明無為法』，不懂也是情有可原……」他自言自語地在那兒嘆息。我覺得他言之有理，藏傳佛教或整個佛教是那麼好

的甚深妙法，可現在的芸芸眾生根本不信，即使信一點，也是除了迷信以外沒有通達佛法的教義。

佛法是相當甚深的，並不是像有些人想得那麼簡單。有些人看一兩本書，就認為精通佛法了，馬上開始著書立說，指責佛教這個地方不對、那個地方不對，這是非常可笑的行為。我本人看過大量國外翻譯過來的書，也看過國內藏文和漢文方面的書，一聽那些人駁斥佛教的論調，就知道他只是在世間學過一點點，但對佛教浩如煙海的道理連邊兒都沒摸到。這種人很可憐也很可笑，除了感嘆以外，我從來沒覺得他很厲害、擔心他對佛教的駁斥有理，連這樣一個懷疑也不會生起來。

要知道，想深入佛教的話，看一兩本書是不夠的。藏傳佛教的《大藏經》中，經典有一百多函，論著有兩百多函，學一部論典就要花很長時間。對我個人而言，二十多年來反反覆覆刻苦鑽研，越學越覺得佛法深奧，而有些人以考察的名義只學了短短幾天，根本不可能通達佛法內容。

沒有精通佛法之前，千萬不要肆意毀謗，如果有人信口開河，你也不可人云亦云。古往今來2500多年的歷史長河中，迄今為止，沒有一個人能站出來駁倒佛教。很多非常權威的科學家和哲學家，都對佛教五體投地、恭敬有加。而現在個別孤陋寡聞的人，舉一些似是而非的理由，故作權威地反對佛教，只能顯露出他的愚癡無

知，對佛教沒有絲毫損害。佛教的教義純潔無垢，完全符合於自然真理，因此，任何人也沒辦法駁斥它。

若問：供養遍入天與供養佛陀有何不同嗎？

大地繫四洋，腰帶沉甸甸，

似重予遍入，大力成痛苦；

以塵供能仁，獲成無憂王，

披滿月光衣，地上得統治。

用古印度的詩學修辭來說明，整個大地繫著四大洋的沉甸甸的腰帶，這樣的大地曾被大力非天施予遍入天，按理來講，大力非天應該得到好報，結果他卻被遍入天以神變壓在地下，感受無邊的痛苦。與之相反，勝者孩童僅僅以沙石供養佛陀，來世就轉生為無憂王，統治被月光所覆蓋的大地。

這個偈頌說明，我們對遍入天怎麼樣供養恭敬，就像對惡人承侍一樣，不會有什麼好下場。現在有些黑社會老大，自己手下做事得力時，會給予一些財利、地位，而一旦他不高興，很可能翻臉不認人，馬上就把手下殺掉。所以，將具有貪嗔煩惱的對境作為依止處，到了一定的時候，不會對你真正有利，因為這個依止處始終是為了自己，不是為了你，不像佛教大乘菩提心的教義，是無條件地幫助你。包括世間兩個人成家，他（她）也不是為了你，而是為了自己，一旦你的行為觸怒他（她），就會打你、罵你，甚至殺死你。因此，依

止自私自利的對境，全部都是痛苦之因，而依止利他心強烈的對境，才會散發出快樂的光芒。

這裡是說，對遍入天作供養，不但沒有好報，反而會產生痛苦。相反，在佛陀面前作供養，即使只有一點點，其果報也非常廣大。以前佛陀在王舍城時，有一次帶阿難去城市裡化緣，兩個孩童在城中玩泥沙，其中一個孩童叫勝者（又名德勝），他看見佛陀的莊嚴身相，生起無比的歡喜心和誠摯心，自己很想供養佛陀，但沒有別的供品，就抓了一把泥沙前去供養。可是他個子太小，夠不著佛陀的缽盂，另一個孩子就跪著，讓他站在自己身上，佛陀也慈祥地彎下腰，用缽盂接受了他的供養，並讓阿難回去後用水和著泥沙塗在僧眾的僧房上[11]。當時佛陀告訴阿難：「在我涅槃一百年之後，這個孩童將轉生為統治印度的無憂王（也叫阿育王），另一個孩童會變成他的大臣。」所以，不要說用鮮花、財物等供養佛陀，甚至孩童在玩耍的過程中以泥沙供佛，來世也可以獲得殊勝王位。

阿育王的一生可分為兩個部分，前半生是「黑阿育王」時代，他通過武力統一印度全境，使孔雀王朝成為印度歷史上第一個統一大國，顯現上殘害了很多眾生；後半生是「白阿育王」時代，他在全國努力推廣佛教，並修建了84000座舍利塔，將佛陀的舍利廣布於南贍部

---

[11]《毗奈耶經》中有不同的說法，有說讓阿難將泥沙塗在佛陀房子的一面。

洲。這樣的國王，也是通過對佛陀簡單供養而得到的。

記得《華嚴經·十地菩薩讚佛偈》中云：「若得見於佛，捨離一切障，長養無盡福，成就菩提道。」若能見到佛陀或佛像，可以斷除一切障礙，長養無量福德。所以我常在課堂上強調，希望大家多供養佛像，哪怕是一根香、一盞燈，也要不斷地供養。

尤其是有些小孩，這方面一定要盡量培養。就像我昨前天所說，菩提學會中的很多居士，如果有孩子在上學，除了讓他按部就班學習現有的課程外，還應利用週末或放假期間，讓他學一些佛教知識。大人可以把孩子集中在一起，講《兒童佛教課》[12]裡的故事或其他佛教故事，讓他從小就學會積累福德、不造惡業。否則，現在的環境只能教會孩子殺生、邪淫，根本不能教他們如何行善斷惡，很多孩子由於沒有受到良好教育，長大後惡劣見解始終扭轉不過來，這是特別可怕的。

所以，我從今年開始，發出「從小學佛，培育愛心」這一口號，倡導孩子們學習佛法。兒童時期在一生中極為關鍵，這時候所學的知識記得最牢固，假如每個小孩都心中有佛，懂得在佛前供養，將來就會像阿育王一樣有福報。這種理念若能從小在心底裡紮根，那他長大以後，絕不會變成貪官或恐怖分子等對自他有害的壞人。

我們學院的文殊小學，這幾年來在很多老師的努力

---

⑫《兒童佛教課》，現收錄於《妙法寶庫03》中。

下，許多孩子真正變成了修行人，非常感謝！那麼在外面的大城市裡，希望你們也要創造條件，從今年起，各地應建立這樣的「佛教小學」。當然，真正辦小學的話，需要很多手續，這有一定的困難，但你們可以效仿台灣、新加坡、馬來西亞、泰國等地的做法，在自由活動的過程中，組織孩子們集體學佛，培養他們對佛的誠摯信心。比如將幾個小孩湊在一起，今天磕頭，明天聽故事，後天看《佛陀故事》的動畫片……這對他們一生有非常大的作用。否則，他們從小生長在不好的環境中，有些老師也特別壞，一直講許多誘發貪心嗔心的故事——以前我就遇到過很多壞老師，現在想起來有點恨，但自己發了菩提心，也不能恨！開玩笑。

承接前面所說，阿育王因前世供佛泥沙的果報，後來成了印度大國王，他所統轄的國土，是月光覆蓋的一切大地。這是一種誇張的修辭，實際上阿育王統治的主要是整個印度，此果報來自於供佛的一點點泥沙。因此，我們現在做一個小小的功德，再過幾百年、幾千年，也會得到無量快樂。《入行論》云：「依佛無邊福，恆常獲安樂。」依靠對佛的供養、祈禱，我們會獲得無窮無盡的福德，在生死輪迴中恆常快樂，最後得到圓滿佛果的無上大樂！

若問：作者皈依佛陀，不皈依外道本師，他為什麼要這樣取捨呢？

我不執佛方，不嗔淡黃等，

誰具正理語，認彼為本師。

我既不偏執佛陀，也不嗔恨淡黃仙人等，誰具有符合事實的真理，我就認定誰為本師。

作者說自己不偏袒佛陀的觀點，不會因為自己是佛教徒、學了佛，就讚歎釋迦牟尼佛的功德，畢竟從家族上講，他出生於婆羅門家，全家皆以大自在天為本師，所以他沒必要站在佛教這邊。同時，他也不嗔恨外道的淡黃仙人、食米齋仙人、裸體外道本師等，前面已經講了，因為他們並未搶奪他的財產，從來沒有害過他。

我們平時也應該這樣，沒必要站在佛教的角度，也沒必要站在外教的角度，不要隨便就自讚毀他，而應以公正的心態來觀察，看到底是哪一個宗派好、哪個宗派符合真理。不管是空性方面也好、顯現方面也好，誰具有真理，我們就應當依止誰。如果外道中有真理，同樣也可以接受，把它當作自己本師。但若它的教義經不起理論推敲、教證理證的觀察，那把相似智慧視為真理是不合理的。本論的作者既精通外道又精通佛教，在反覆比較和觀察之後，他得出的結論是：唯一在釋迦牟尼佛的教法中，圓滿完整宣說了萬法真理，任何外道本師均無法揭示。於是他選擇依止佛陀，而不是以迷信來依止的。

我們依止上師也要這樣。哪一位上師符合善知識的

條件，就應當依止他，而不是因為他對自己很好，所以要依止。畢竟依止上師關乎生死大事，並非只為了從上師那兒得一點財物，因此，這個問題值得慎重！

上師如意寶讚歎佛教時，經常用這個頌詞。以前上師在加拿大的仲巴仁波切總會為大家講法時，就引用了此教證說，自己在五十多年中，悉心研究佛教道理，確實了知佛教哪一個道理都沒有瑕疵、沒有錯誤，如今到了這個年齡，對佛教的所有理論都深信不疑。

很多讚文中也說：「天上天下無如佛，十方世界亦無比，世間所有我盡見，一切無有如佛者。」天上、天下，唯有佛陀所宣的真理正確無誤，這一點並不是誇誇其談，而是經過了理論和實踐的長期檢驗。我本人不是很有智慧，以前沒上過特別有名的高等學校，但在讀中專的時候，比較喜歡看各種各樣的書。當時書上許多所謂的真理，包括辯證唯物主義、歷史唯物主義，始終說服不了自己，總覺得心裡疑惑重重。直到遇到佛教之後，通過學習因明和般若，才找到了滿意的答案。

在佛教智慧的汪洋大海面前，我覺得自己就像一滴水一樣渺小。而末法時代有些人，對佛教略有了解，就認為已經精通無礙，開始對佛教指指點點，甚至對釋迦牟尼佛大放厥詞，有時候看來十分可笑。他連小小的家庭糾紛都處理不了，還敢批判釋迦牟尼佛，真的是非常可憐！在家人和不信佛的人因受環境的影響這樣說也情

有可原，但有些披袈裟的出家人居然也聲稱要改革佛教，說釋迦牟尼佛的佛法過於陳舊古老，一定要發明新的教義……用現代名詞來嘩眾取寵，這完全是愚笨的標誌。

大家對佛教的甚深教義，務必要想方設法生起定解，只有這樣，對佛陀的信心才不會改變。否則，只是表面上辦個皈依證，加入一些佛教團體，聽個灌頂、參加個開光儀式，不一定就是佛教徒。所謂的佛教徒，要對佛法的教義深信不疑，哪怕遇到生命危險也不捨棄三寶。你們每個人有沒有做到？應該好好觀察。

若問：智者所應依止的宗教，需要具備什麼條件呢？

深慧眼尋覓，依誰具遍知，

利生大教義，智者何需餘？

智者一定要以深細的智慧眼來尋覓，無論是佛教還是外道，誰具足通達一切萬法的智慧，誰具足饒益一切眾生的利他慈悲心，就應當誠心依止誰。除了智慧和悲心這二者，再也不需要其他教義了。

我們人類最需要的，就是通達萬法真理的智慧，以及饒益一切眾生的悲心。在所有的宗教中，唯有佛教的教義才具備。聖天論師說過：「如來所說法，略言唯二種，不害生人天，觀空證涅槃。」釋迦牟尼佛所宣的八萬四千法門，歸納而言只有兩種：一是以悲心不傷害眾

《勝利道歌講記》附《勝出天神讚》

51

生，果報可轉生於人天善趣；二是通達萬法在名言中如夢如幻，勝義中遠離一切戲論，依此可證得無上涅槃。其中就宣說了智慧和悲心。任何一個宗派，如果具有智慧和悲心，我們就應當虔心依止，除此之外，其他教義都沒什麼價值。

如今在漢地，古今中外的文化學說比較多，很多人的思維方式希奇古怪，哪怕是一個名詞解釋，或者一件產品的說明書，也是這人講一個、那人講一個，結果大家都不知道方向了。在這樣的文化氛圍中，我們能找到指路明燈般的佛教，真的是非常難得。佛教已經把我們的方向鎖定了，如果想廣泛地了解，《大藏經》和大德論著中有詳細闡述，但歸納起來，就是智慧與悲心。所謂的智慧，是通達一切萬法的勝義本體和世俗中業因果不混淆的道理；所謂的悲心，就是要做到無我利他。其實社會越發展、人類越進步，就越需要佛教理念，否則，光是外面修幾棟樓，不一定就是進步。現在的樓房越高越怕地震，從窗戶往下一看也膽戰心驚，難道進步是這樣恐怖嗎？

若問：假如外道天尊也有智慧和悲心，是否應當依止他們呢？

孰若無諸過，普具眾功德，

梵遍入自在，彼是我本師。

假如外道天尊沒有貪嗔癡等煩惱，也沒有煩惱所引

發的殺盜淫妄等過失，而且利益眾生的悲心和通達萬法的智慧等一切功德圓滿具足，那不管他是遍入天、梵天、帝釋天、大自在天，還是天龍八部等鬼神，我都可以皈依。

這是一個假設句，實際上是不可能的。因為在三界中，唯一佛陀是斷除二障、通達二智的大聖者，其他天尊不可能具有這樣的功德。所以大家不要誤解了，覺得：「作者說可以皈依遍入天和大自在天，那他們就是我的本師！」這種說法是不正確的。

我們講經說法，理應讓別人懂得取捨。現在有些弟子問某些法師：「對天龍八部、妖魔鬼怪可不可以頂禮呢？」法師就說：「可以頂禮。因為《華嚴經》中云：『情與無情同圓種智。』所以眾生的佛性都是一個。《三字經》中也說：『人之初，性本善。』可見天龍八部、妖魔鬼怪的本性也是純善，你怎麼能不尊重呢？」

這種說法不太合理。倘若你知道這些鬼神是諸佛菩薩的化身，或者他們在高僧大德面前發誓承諾護持佛教，就像藏地有些護法神一樣，那頂禮他們是可以的。除此之外，把勝義諦和世俗諦混為一談，以「佛性是一個」為理由而頂禮、皈依鬼神，皈依戒就無法安立了。如果說有情和無情的法性都是一個，那你也可以頂禮石頭、龍泉水，或皈依老豬、餓狗、犛牛，因為它們本性都是純善，都具有與佛陀一樣的佛性。但以這個原因而

皈依或頂禮，肯定是不合理的。

我們皈依三寶以後，有非常明確的皈依戒，如《優婆塞戒經》云：「若歸佛已，寧捨身命，終不依於自在天等；若歸法已，寧捨身命，終不依於外道典籍；若歸僧已，寧捨身命，終不依於外道邪眾。」皈依佛之後，縱然遇到生命危險，也不能皈依大自在天、帝釋天、遍入天等外道天尊；皈依法之後，縱然遇到生命危險，也不能皈依《吠陀》等外道典籍；皈依僧之後，縱然遇到生命危險，也不能皈依外道的天神鬼怪、邪知邪見者。假如你皈依三寶以後，又去皈依外道天神，那皈依戒又如何守持呢？所以，外道和內道之間的界限一定要分清。但要想分清的話，沒有聞思修行恐怕是不行的。

這個讚歎文一方面是讚頌佛陀的功德，另一方面，也是讓很多人搞清楚到底該皈依誰。現在民間的說法各種各樣，很多人看到天神也要擺上供品，拜一拜、禮一禮，這種行為的確不如法。雖然有些天神可以給你暫時帶來幫助，比如東北的大仙兒或南方的神，暫時讓你發財或者平安，對自己的事業有些許利益，但他無法令你獲得最究竟的解脫。

在這個世界上，最究竟的解脫唯有佛陀才能賜予。這一點，並非因為我們是佛教徒才這樣說，不是像現在有些上師一樣，你必須要當他的徒弟，不能到別的上師那裡去，否則就背叛他了，他以後再也不理你了。我們

不是這樣，而是看三界眾生非常可憐，他們尋找的解脫之路唯一佛陀才有；而佛陀的解脫真理，在佛法中可以出現；佛法的內容，唯一僧眾可以接受，有聞思修行的機會。所以，如果皈依三寶，今生會快樂，來世也會快樂，最終可以獲得解脫。就像是一個好老師，父母會放心把孩子交給他，不願孩子被壞老師帶壞了，因此，以真理為標準的話，皈依三寶後不能皈依外道的原因就在於此。並不是我們佛教太缺人了，你皈依以後，一定要把你關在裡面不讓出去。其實你想出去完全可以，不過你的前途令人堪憂。一旦皈依了三寶，就有了生生世世快樂的開端，但若今天皈依，明天又開始背叛，這對佛教來講沒什麼損失，可對你而言還是非常可惜。所以佛經中制定了皈依戒的要求，如果你今天皈依佛陀，明天又到外道殿堂裡殺魚宰雞供養天神，這沒有多大意義。

在座很多出家人，以後出去弘法的時候，一定要有穩固的見解，不然的話，很容易隨錯綜複雜的環境改變——原本你是個名副其實的佛教徒，後來因惡友和環境的影響，變成了一個外教徒，我們聽後也會很傷心的。對你個人來講，也許覺得很有成功感，但實際上這得不償失。因此，大家應在上師三寶等殊勝對境前經常發願：「我乃至生生世世不離三寶！」朝拜聖地或高僧大德時，也要默默地想：「願我生生世世不離佛法的光明，一定要利益眾生！」包括自己在家裡坐禪、修法，

《勝利道歌講記》附《勝出天神讚》

也應常常這樣迴向，這是非常重要的事情。

　　孰若無過失，且有無量德，

　　具悲一切智，我即皈依彼。

　　作者進一步闡述：誰要是沒有任何過失，擁有無量功德，且具足圓滿的大悲與智慧，我就會皈依誰。

　　不管是什麼樣的身分，只要沒有危害眾生等一切過失，一切障礙全部斷除，且精通三藏十二部等所有教理，圓滿具足身口意一切功德，並具有利益眾生的慈悲心、盡所有智和如所有智廣大無邊的智慧，作者就會發自內心地皈依他。因為這樣的本師可引導自己趨往解脫之路，最終步入無有痛苦的快樂宮殿。

　　大家要知道，在這個世界上，除了佛陀以外，誰也不可能圓具這些功德，即便是人類中了不起的智者、學者，或被成千上萬人崇拜的國王大臣、明星歌星，也不可能如此斷證圓滿。現在無數人追逐明星歌星，其實真的很笨，我並不是對這些明星歌星不滿，他們也有自己的特長和能力，我沒有什麼好嫉妒的。可是因為他們會打拳，或有非常吸引人的神態，或者嗓子特別好，無數人就崇拜得不得了，這對自己有什麼利益呢？這個明星一旦死了或者老了，他的青春不再、妙音失去，大家還會不會喜歡他呢？不一定。大慈大悲的諸佛菩薩來到世間，人們不見得非常喜歡，因為他們功德深藏不露，大家無法現量照見，而凡夫人稍微有一點特長，人們就特

別特別崇拜，其實這是一種顛倒。

　　真正能給我們帶來利益的唯有佛陀。《寶性論》中說，最究竟的皈依處就是佛陀⑬，因為佛法和僧眾的來源是佛陀。所以，對佛陀恭敬、皈依，世間上再沒有比這更超勝了。漢傳佛教中對皈依非常重視，這是很好的傳統，許多人皈依以後，一般是不會改變的。而在藏傳佛教中，幾乎沒有舉行皈依的傳統，人人好像從小就已經皈依了。但是，專門有個儀式讓人明白自己是佛弟子了，我覺得還是很重要。

　　在座的道友已經皈依佛陀了，所以無論在哪裡見到佛像，都要知道佛陀是唯一的真理者，對其他宗教的聖尊，也沒必要排斥或者說過失，但不應跟佛陀一樣恭敬禮拜。如果你想對外道本師同樣崇拜，那他能不能給你帶來暫時、究竟的快樂？這是需要好好分析的。假如遍入天、大自在天跟佛陀具有相同的功德，皈依他們當然可以，但若沒有這種能力，你付出所有的財產和精力，恐怕也只是一種浪費。

　　在這麼多的宗教中，我們今生遇到了佛法，的確值得歡喜。作者也說他唯一皈依具有一切功德、遠離一切過患的智悲雙全的佛陀。所以，從現在開始，大家要明白自己唯一皈依佛陀，生生世世不要改變，而天尊並非究竟皈依處，雖然依止他可暫時得到財富、地位維持生

《勝利道歌講記》附《勝出天神讚》

⑬《寶性論》中云：「了義之中諸有情，皈依唯一是佛陀。」

活，但這不是究竟的皈依，最究竟的皈依處只有佛陀。

三、末義：

若問：作者在著論最後是如何迴向的呢？

具如蓮目之佛尊，讚美千江源大海，

我語所生少分善，願諸眾生具安樂！

具蓮花般明目的佛陀之殊勝功德，是我等後學者撰著讚頌文之來源，猶如千江百川皆源於大海一樣。我今造此讚文所得的少分功德，願迴向一切眾生，令他們得到暫時與究竟的安樂！

我們也要這樣想：自己聽聞和學習所得到的善根，迴向給一切眾生，願他們暫時對釋迦牟尼佛和三寶生起不共的信心，究竟在相續中種下解脫的菩提種子，成熟以後獲得圓滿正等覺的佛果，進而利益無量無邊的有情。

《勝出天神讚》，德雪達波論師造圓滿。印度堪布薩瓦匝得瓦、主校譯師萬德仁欽由梵譯藏，後由萬德拜則繞傑達（赤松德贊時代三大譯師之一）校正而抉擇。

好，這部論典至此傳講圓滿了！

《勝出天神讚》釋　第三節課

《勝出天神讚釋》思考題

第1節課

1、本論是從哪個角度讚歎佛陀的？最主要抉擇了什麼問題？這對當前現象有何警示作用？

2、佛陀與諸天尊均不是作者的現量境，作者憑什麼說佛陀的功德超勝一切天尊？

3、請大致說明，佛陀與天神具體有哪些差別？通過二者對比，可得出什麼結論？這對你有何啟示？

4、外道天神為什麼手持兵器？這與佛教聖尊手持兵器是否相同？請說明理由。

5、要想實現世界和平，必須依靠什麼樣的教義？為什麼？請談談你自己的體會。

6、有些大德說，佛教與基督教、伊斯蘭教等宗教雖然形式不同，但理念完全一樣，修其他宗教也可往生極樂世界。對此你持什麼樣的看法？他這種言行是否一定不合理？為什麼？

第2節課

7、為什麼不能皈依外道天尊？為什麼應該皈依佛陀？你能分清天尊與佛陀的區別嗎？

8、有些天尊因貪著美酒而不堪為應供處，那我們佛教中對有些護法神也要供酒，這種現象是否不合理？請

說明理由。

9、作者一而再、再而三地讚歎佛陀，說外道天尊具足過患，他是不是有偏袒心？為什麼？你對此有哪些感想？

10、概而言之，佛陀最主要有什麼功德？外道天尊是否具足？請談談你自己的看法。

11、緣佛陀而頂禮會有何種功德？若想獲得這些功德，是否必須要有虔誠的信心？請具體說明。

12、有些外道古籍說，佛陀是遍入天的一個化身，這是怎麼說的？此說法是否屬實？為什麼？

13、有些大德引導徒眾跪拜外道本師，對此現象你如何看待？請站在公正的立場上客觀評價。

第3節課

14、既然佛法是趣入解脫的唯一津梁，那為什麼學佛的人那麼少？你對此是怎麼認為的？

15、有些人看了一兩本佛經，就認為自己精通佛法了，於是對佛法指指點點、大放厥詞，對這種現象你如何看待？

16、供養遍入天與供養佛陀有哪些不同？請引用公案進行分析。最終可得出什麼結論？

17、對於這節課所倡導的「從小學佛，培育愛心」，你打算怎麼樣響應？

18、我們所依止的本師，需要具足什麼特點？假如外道天尊也擁有這些特點，我們是否應當皈依？請說明理由。

19、皈依三寶之後，戒律中為何規定不能皈依外道？這是不是因為佛教太缺人了？你有什麼體會？

20、通過學習《勝出天神讚》，你自己有哪些收穫？倘若你周圍有人不明白這些道理，你將會如何引導他們？

《勝利道歌講記》附《勝出天神讚》

《勝出天神讚》釋 思考題

勝利道歌
——天鼓妙音

法王如意寶晉美彭措　著

索達吉堪布　譯

怙主諸佛智慧身，文殊室利童子尊，
恆住八瓣蓮蕊心，所言願利諸有情。

甚深光明大圓滿，僅聞詞句斷有根，
六月修要得解脫，唯此銘刻於心中。

遇此勝法善緣眾，前世累劫積資果，
與普賢王同緣分，諸道友當生歡喜。

為沉恐怖輪迴眾，獲得永樂之佛果，
當負利他之重任，捨棄愛自如毒食。

以此可阻惡趣門，亦可獲得善趣樂，
趨至究竟解脫地，切莫散亂修此要。

於諸輪迴之盛事，不起羨慕之心念，
當持人天供養處，殊勝嚴飾之淨戒。

《勝利道歌講記》附《勝出天神讚》

一切增上定勝樂，悉皆依此而生故，
倘若破戒墮惡趣，切莫迷惑當取捨。

言行恆時隨順友，秉性正直心善良，
若欲長久利己者，暫時利他乃竅訣。

此乃清淨人規法，三世諸佛方便道，
亦為四攝之精華，諸位弟子切莫忘！

以此善根願諸眾，超越輪迴之深淵，
令諸心子皆歡喜，往生西方極樂剎。

　　第十七勝生周丙子年，我等師徒遣除內外密諸違
緣，阿旺羅珠宗美於慶祝勝利之吉日，近五千僧人中，
即性而唱，善哉！

勝利道歌

譯於一九九七年三月六日

64

勝利道歌講記

法王如意寶晉美彭措　著

索達吉堪布　譯講

祈禱本師釋迦牟尼佛：

　　釀吉欽布奏旦涅咪揚　大悲攝受具諍濁世剎
　　宗內門蘭欽波鄂嘉達　爾後發下五百廣大願
　　巴嘎達鄂燦吐謝莫到　讚如白蓮聞名不退轉
　　敦巴特吉堅拉夏擦漏　恭敬頂禮本師大悲尊

祈禱上師法王如意寶：

　　涅慶日俄再愛香克思　自大聖境五台山
　　加華頭吉新拉意拉悶　文殊加持入心間
　　晉美彭措夏拉所瓦得　祈禱晉美彭措足
　　共機多巴破瓦新吉羅　證悟意傳求加持

為度化一切眾生，請大家發無上殊勝的菩提心！

《勝利道歌講記》附《勝出天神讚》

勝利道歌講記

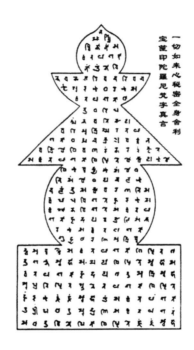

一切如來心秘密全身舍利
寶篋印陀羅尼梵字真言

第一節課

今天講課的內容，是法王如意寶所造的《勝利道歌·天鼓妙音》。

這個教言，學院的大多數道友都非常熟悉。法王在一生當中，有幾部簡明扼要的殊勝竅訣，如《忠言心之明點》、《教誨甘露明點》、《懷業時語》、《勝利道歌》，這些絕不像世間人兩三年中通過學術研究所得出的論文，而是他老人家一輩子中聞思修行多年的智慧結晶。上師的修證，從他的傳記、各方面功德來看，自釋迦牟尼佛到蓮花生大士時代，生生世世都是了不起的聖者、大成就者，前世有非常深厚的善緣。今生從五六歲開始，直到六十幾歲造《勝利道歌》，在這六十多年的歲月中，始終專注於佛法的內容聞思修行，將一輩子奉獻給了眾生和佛教。這種智慧總結出來的教言，的確是非常珍貴。

我個人經常想：世間人雖然會寫一些書，但經常是斷章取義，參考外面的各種資料，再添加自己的分別念，然後宣傳給世人。而上師從小到圓寂之間，不像世間人一樣讀完書就成家，為了孩子、為了家庭、為了工作、為了自己的事情幾乎耗盡一生的時間，他老人家所有的時間、精力都用在弘揚佛法和利益眾生方面，故而，所造的論典從時間和價值方面來講，與世間人有極

《勝利道歌講記》附《勝出天神讚》

大差別。

這部《勝利道歌》十分殊勝，有智慧的人學習之後完全就會明白。以前法王給我們開示時，剛開始我們也沒有這種感覺，但時間久了，經常思維佛法的內容，又看到社會上各種宗教學說、世人種種分別念，才知道老人家是人中之王。這並非因為是自己的上師才這樣讚歎，而是像《勝出天神讚》所講的，以公正客觀的角度進行分析，內心中確有這樣的想法。希望你們自己也好好觀察。

今天為什麼要講《勝利道歌》呢？大家應該清楚，經過兩年多的時間認真學習《入菩薩行論》為主的論典，菩提學會第一個學期已經圓滿了，現在正式步入第二個學期，這一階段主要是強調修行與聞思相結合。本來按理講，很多人還需要學習五部大論為主的顯密經論，但人生非常短暫，我們還能活多久也很難說——前段時間我去了北京，去之前的大概一個禮拜，我跟一個法師在爐霍探討戒殺放生等很多問題，當時我們十分開心，但昨天他出事就離開人間了。可見人的生命瞬息萬變，沒有什麼可靠性。因此，在今年，我想把修行推到前面，以後如果有時間，自他再繼續學習相關經論。

當然，住在學院的四眾弟子，五部大論基本上都學完了，只差《現觀莊嚴論》的頌詞沒有講。但外面的很多道友，只不過剛開始入門，還沒有學到佛法廣大甚深

的教義。不過，若一直鑽研這些知識，離開人間時可能什麼把握都沒有，所以如今從實修方面作強調，在第二個學期中，主要是聞思和修行相結合，開辦加行組、淨土組、聞思組。

報名的過程中，我發現學加行的人比較多，佔百分之七八十以上，所以《前行》會作為主要課程來抓。希望不論是你們聽者，還是我講者，對這個法都要善始善終、傳承圓滿。當然，這不是想一想就可以了，我對這個問題也想過很多次——兩年中能不能不出違緣？生命能不能維持圓滿？……但再怎麼想也沒有用，最有效的方法就是祈禱上師三寶加持。

法王如意寶一再地講過，《勝利道歌》有相當大的意義和加持，倘若一個法師在傳法之前，或者一個人在修行之前，把它讀誦一遍或者傳講一遍，就能順利實現願望，不會遭受障礙和違緣。因此，學習本論有分別念難以測度的甚深緣起，對此我是堅信不移。

末法時代魔障層出不窮，很多人遇到一點違緣，馬上就棄甲投降了，這是令人痛心的現象。我非常希望大家能克服一切障礙，在兩年中把加行修完，這對一生來講是最大的收穫。父母給你留下房子、家產，臨死時也帶不走，單位給你分配福利獎金，臨死時也無法相隨，但若通過實地修持，在加行方面打下穩固基礎，對生生世世都是一個良好的開端。所以，包括我自己在內，這

《勝利道歌講記》附《勝出天神讚》

次也跟大家共同發願修加行。為了保證自他學修圓滿，在此之前，首先講一個上師如意寶智慧中自然流露的金剛道歌。

這個道歌的來源，也許很多人都清楚：1995年，法王如意寶示現重病。大概在9月份時，上師本想先去台灣，再去尼泊爾，到蓮花生大士的長壽洞裡住一段時間修長壽法。但到了成都，一方面辦護照出現違緣，同時上師病情也日漸嚴重，在川醫⑭那裡查不出病因，於是上師就在「國際大都會」住了五個多月。當時我一直跟著上師，他老人家在五個月中，除了吃飯以外，基本上處於入定狀態，什麼話都不說，我們身邊的人非常苦惱，不知到底是什麼原因。不過現在想起來，那時還是很幸福的，不管怎麼樣上師都在，而現在思念上師的時候，三千大千世界中哪裡去找啊！作為一個凡夫人，眼前看不到、找不到上師，就會很傷心。但在那個時候，即使上師不說話，也有朝拜的對境，只可惜當時沒意識到。

後來有一天晚上，在上師的夢境中，阿底峽尊者、仲敦巴尊者、麥彭仁波切、羅珠上師⑮一同出現在面前。阿底峽尊者緘默不語，慈眸凝視。仲敦巴尊者說：「我們此番前來，主要是因為阿底峽尊者倍加垂念你。現在洶湧澎湃的大海波浪，3月10日就會中斷，你明白這其

---

⑭川醫：華西醫科大學附屬醫院。
⑮羅珠上師：法王如意寶的上師。

中的含意嗎？（意為法王的病會完全康復。）」說完，二位尊者就消失於法界中了。

麥彭仁波切威嚴而坐，以極為忿怒的形象猛厲祈禱蓮花生大士，遣除內、外、密的一切違緣，降伏迷亂分別所現的各種鬼神。之後化光而去。

羅珠上師慈悲地開示說：「你應當安住於現空無二、本來光明的大圓滿境界中，出定後以自他相換的菩提心來利益眾生，如是一切違緣將會消於虛空……」又講了其他一些教言，隨後也融入了光明之中。

此後，確如仲敦巴尊者所授記，上師的病情日趨好轉，到了3月10日，已完全復原。之後我們返回學院，大家以最隆重的儀式恭迎上師歸來。上師即興唱了一個《勝利道歌》，當時，四眾弟子集聚在一起的快樂，無法用語言來形容。上師還將漢族弟子的道場取名為「金剛降魔洲」，也是獲得勝利的一種象徵。

本論分三個方面：一、初義；二、論義；三、後義。

甲一（初義）分二：一、題目；二、頂禮句。

乙一、題目：勝利道歌·天鼓妙音

之所以叫「勝利道歌」，是指修行人通過上師三寶的加持，可以遣除內外密的所有違緣，完全從中獲得勝利。

將此喻為「天鼓妙音」，是因為天人與非天作戰

時，天鼓自然發出「汝等天人切莫怖畏」等聲音，由此勝伏非天而得以戰勝。故這裡把道歌比喻成天鼓的妙音。在這個道歌中，凝聚了顯密一切法門的精華，蘊含了上師老人家一生修持的甚深竅訣。

乙二、頂禮句：

此為頂禮文殊菩薩。上師一生中把文殊菩薩奉為本尊，尤其在五台山面見文殊菩薩之後，自己所造的任何一部論典，前面都會頂禮文殊菩薩，這也說明了作者的不共信心。

怙主諸佛智慧身，文殊室利童子尊，

恆住八瓣蓮蕊心，所言願利諸有情。

眾生的依怙是十方諸佛，十方諸佛的智慧總集，則是以童子相饒益眾生的文殊室利菩薩。祈請文殊菩薩不共加持之陽光，照射到我（法王）的八瓣⑯心蓮上，並恆時住於我心蓮的花蕊中，依靠您慈悲的力量，願我所說的話語能普利天下一切有情。

法王造這部論典，不是為了自己重病痊癒，也不是為了發財或得到快樂，而是祈禱文殊菩薩加持自己，說出的教言要讓眾生得到暫時、究竟的利益。我們聽課也要先觀察自己的動機。有些人處於渾渾噩噩的狀態中，看別人都去聽課，自己也跟著來經堂了；有些人覺得《勝利道歌》可能很好聽，所以就過來湊湊熱鬧。其實

勝利道歌 第一節課

---

⑯將心比喻成八瓣蓮花，密宗中有內外密的許多修法，此處暫且不講。

這些發心都不對，聽課應該是為了利益無量眾生。聞法所獲得的功德不是為自己，而是要為眾生，每一個人應該發這樣的心。

通過文殊菩薩的加持，誰都可以獲得利益，關鍵要看你有沒有信心。文殊菩薩是十方諸佛菩薩的智慧總集，又號稱「諸佛之父」，他曾勸無邊眾生發菩提心而成佛，但他自己還沒有成佛。關於文殊菩薩的功德，有關傳記中記載[17]：

有一次，佛在靈鷲山傳法。山下城市裡有個妓女叫妙金光（上金光首），相貌端正、美麗動人，更奇妙的是，她全身發出金色的光芒，因而國王、大臣等各種男人都對她特別貪執。儘管她是種姓低劣的妓女，但身邊時時有無數人的圍繞。

有一天，她陪某商主之子（畏間長者子）去市場買東西，準備要到樂園嬉樂。文殊菩薩知道度化她的因緣成熟，便在途中化為一英俊少年，全身發出極其耀眼的光芒。妙金光看到少年發出的光遠遠超過她的金光，在他光芒的照耀下，自己身體黯淡失色，於是便對他的衣服生起貪心，立即甩掉商主之子，下車想用美色勾引少年。

這時，文殊菩薩加持多聞天子（息意天王）勸她：「你不要對他生貪心，他是諸佛智慧的總集文殊菩薩，

《勝利道歌講記》附《勝出天神讚》

---

[17]此故事詳見《佛說大淨法門經》，西晉月支三藏竺法護譯。

可以滿足一切所願，你需要什麼？」妙金光說：「我不需要別的，最想要他漂亮的衣服。」文殊菩薩回答：「你若能趣入菩提，我可以把衣服送給你。」她不懂什麼叫菩提，文殊菩薩就為她一一講解。

講解的過程中，釋迦牟尼佛在靈鷲山發出「善哉」的讚歎詞，三千大千世界都在震動。眾眷屬問佛為何如此，佛說：「文殊菩薩為度化某妓女，正以慈悲和智慧在宣說佛法。你們想聽的話，可以到那裡去。」於是佛身邊的好多弟子都跑到文殊菩薩那裡去了。（就像現在這個上師傳法時，那個上師舉行灌頂，好多弟子都跑到那邊去了，結果這個上師身邊沒剩幾個人了。）他們聽了文殊菩薩的講法，有些獲得法眼淨，有些獲得無生法忍，有些獲得不退轉果位，成千上萬的眾生都得到相應的利益。

妙金光也對諸法無自性的道理生起定解，很想隨文殊菩薩出家。但文殊菩薩說，菩薩的出家不一定要剃光頭，而應為了利益眾生精勤修持佛法，尤其要捨棄自己，這就是菩薩的出家⑱。並勸她上車跟商主之子一起去。

妙金光跟商主之子到樂園時，無常現前了，她死在他的懷裡。商主之子最初很傷心，但看到美女的身體慢慢腐爛，七竅開始流出膿血，一股惡臭直撲鼻孔，覺得

---

⑱《佛說大淨法門經》云：「時文殊師利言：菩薩不以除己髮者為是出家也。所以者何？其能斷滅眾生欲塵，使修精進，乃是菩薩之出家矣。」

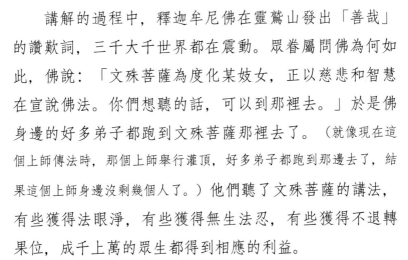

特別可怕，拔腿跑到靈鷲山，向釋迦牟尼佛尋求庇護。釋迦牟尼佛給他傳授佛法，他獲得了無生法忍。佛陀授記：「妙金光以文殊菩薩勸她發心之力，將來在某某剎土成佛，號為寶光如來（寶光明如來）。而商主之子，會成為他手下的菩薩（德光曜菩薩）……」

　　商主之子聽後，不解地問道：「為什麼文殊菩薩的弟子——妙金光將來會成佛，而佛陀您的弟子——我只是變成菩薩？」他有點想不通。佛陀說：「文殊菩薩的功德不可思議。我最初也是在文殊菩薩面前發心的。過去無量佛也是如此，現在無量佛仍是如此，未來無量佛還是如此，他的功德如何如何……」

　　所以法王如意寶經常強調，我們平時應該多念文殊心咒，多祈禱文殊菩薩，因為文殊菩薩的加持和力量跟諸佛菩薩不相同，這是有關經典中講的。憑我們的分別念，根本不知道釋迦牟尼佛的加持大，還是文殊菩薩的加持大，但有了經典為依據，完全可以作出判斷。如果經常祈禱文殊菩薩，生生世世可以開啟智慧，同時，可將諸佛加持合為一體融入自相續。表面上文殊菩薩只是菩薩，但實際上，誠如有些經典所言，他早已成佛，故加持力不可思議。

　　法王如意寶從小就與文殊菩薩有緣，傳記中說，他老人家降生的時候，剛落地就朗朗念誦「嗡阿囉巴匝納德」文殊心咒。到了6歲時，有一次在石堆中發現《文殊

語獅子修法》，見此法結尾有一個偈頌說：「印度聖境一老人，高齡已至九十九，不識文字勤修持，一日得見文殊尊。」意思是印度聖地有一個老年人，年齡已高達99歲，他遇到《文殊語獅子修法》後，原本是連字都不識的文盲，但以誠摯的信心祈禱修持，一日中就現見文殊菩薩而速得成就。上師當時想：「這麼老的人只修一天就見到文殊菩薩，像我這麼小的孩童，很快修成應該沒問題。」他高興極了，專心致志地修了幾天，結果出現許多驗相，對一切顯密經論自然通達。

因此，只要祈禱文殊菩薩，智慧無形之中即可開啟。有些人經常抱怨：「我很笨啊！上師，您給我吹一吹，給我打一打，給我摸一摸！」當然，如果上師是成就者，倒是可以，但若上師只是一般人，這樣做不一定起作用。可如果你以信心來祈禱，定能得到文殊菩薩的加持。我以前去五台山時，整天想著見到文殊菩薩，以這樣一種不共的信心，雖然沒有真正見到菩薩，但還是得過一些加持——原來背不下來的《大圓滿願詞》、《文殊讚》等，到了那裡，念幾遍就背下來了。每個人的信心不同，感覺可能也不相同，但只要有了文殊菩薩加持，顯密經論隨時可在心中現出來。不一定像有些道友那樣，冥思苦想、勞心費神地記記記，記了以後又忘光了，自己特別傷心。

當然，我們的智慧一定要用於利益眾生方面，不要

像現在有些人那樣，用智慧來欺騙眾生。前段時間我參加了一個大型聚會，看見一位自稱是某某祖師化身的大德，他覺得非常了不起，弟子也對他恭敬得不得了。我看了他的介紹，剛開始認為可能是真的，馬上也起了信心。讀著讀著，突然看到介紹中說他得了一個「博士證」，就想知道這是怎麼來的，於是查閱下面的藏文，結果藏文寫的不是「博士證」，而是「聞法證」，說他曾聽過什麼法。然後，又看到介紹說某某大德認定他是某某祖師的轉世，一對藏文，藏文上說有上師感覺他也許是某某祖師的化身，就讓某某大德認定一下是不是？後面打了一個問號，沒有答案。但漢文中說他已被認定了，而且這位活佛的名聲特別大，我們提都不敢提。

所以，智慧如果變成欺騙眾生的手段，完全是害自己、害眾生。無垢光尊者在《大圓滿心性休息》中說，有些上師縱然聚集了如蛆蟲般眾多的眷屬，也只能將自他引入惡趣，沒有多大的意義[19]。假如你真有利他心，絕不會做出欺騙眾生的行為、不如法的行為，即使有一點，其動機也不是為自己，而是為了眾生。因此，我們修行佛法的人，無論在什麼場合中，都要將利他作為前提，有了這樣的前提，即使你很多行為看似不如法，實際上也有甚深的密意！

---

[19]《心性休息》云：「如不淨堆之上師，所化蛆眷多亦棄，引信士入歧惡道，欲解脫者永莫依。」

甲二（論義）分四：一、勸修密法；二、發菩提心；三、發出離心；四、人格賢善。

本論的道次第非常清楚。宗喀巴大師在《三主要道論》中，講了出離心、菩提心、無二慧等三主要道，而這裡可以說是「四主要道」。為什麼這樣說呢？無二慧分為顯宗法和密宗法，《三主要道論》講述了顯宗中觀的無二慧，而本論在顯宗中觀的基礎上，講了密宗無上大圓滿的無二慧，這是修行人值得追求的殊勝境界；這樣的大圓滿境界依什麼而得呢？依菩提心而得，《入行論》講了，沒有菩提心的話，上上功德無法證悟；菩提心依什麼而得呢？依出離心而得；出離心又依什麼而得呢？依靠賢善人格。倒過來說，修行次第應該是：我們要先做好人，其次對世間不要貪執而生出離心，再次為利益眾生而發菩提心，在這個基礎上才可以修學密法或者般若法門。

你們自己也想一想：釋迦牟尼佛的法門有八萬四千那麼多，我在香港、美國、漢地的書店裡看到，佛教書籍多得不得了，千經萬論浩如煙海，全部要學習的話，短暫人生中怎麼學得完呢？但這裡將所有的教言歸納起來，讓我們完全明白：要成佛的話，一定要修無二慧，無二慧又依靠出離心、菩提心、做好人。這幾個竅訣涵攝了一切法，懂得這個道理後，我們修行應當以此為方向。

勝利道歌　第一節課

法王如意寶真的很了不起，並非因為是我的上師，我才故意這樣讚歎。不像現在有些人，上師明明犯了錯誤，卻矢口否認：「不會不會！我的上師是佛陀，佛陀哪會犯錯誤！」正如藏地俗話所說：「口裡明明含著別人的肉，卻不承認自己是小偷。」我們不是這樣的，而是從對佛教的貢獻、對自己的利益兩個角度衡量，上師如意寶確實是活生生的佛來到面前，度化我們末法時代的眾生。

乙一（勸修密法）分二：一、修無上密法之功德；二、修密法之因緣。

丙一、修無上密法之功德：

甚深光明大圓滿，僅聞詞句斷有根，

六月修要得解脫，唯此銘刻於心中。

一般人難以悟達、易遭淺慧者毀謗、宣說光明如來藏本體的無上大圓滿[20]，僅僅聽聞它的詞句也能斬斷輪迴根本，利根者精進修持六個月即可解脫，因此，我們應將此大圓滿深深銘刻於心中。

大圓滿的功德不可勝言，只是聽到它的詞句、接觸它的法本、見到它的法義、佩戴在身上，也會成為聞解脫、觸解脫、見解脫、繫解脫。無上密法的功德，一般凡夫人難以想像，就像天天騎在犛牛背上的小牧童，他

《勝利道歌講記》附《勝出天神讚》

---

[20]藏傳佛教中，寧瑪巴最高的法是大圓滿，其他教派是大威德、大手印等，在顯宗中則是大中觀。

連拖拉機都沒有坐過，根本不相信飛機的存在。所以，如果沒有修過大圓滿，很多人不相信它的功德。

像我的話，儘管沒有真正開悟，但二十多年來，以自己的智慧反反覆覆思維過，也感受過、得到過一些真實利益。若有人引用大圓滿的術語，斷章取義地說密宗不如法，我只想笑，不想回答，此舉只能看出他的淺薄，除此之外，根本不怕他能舉出特別高深的依據或推理駁倒密法。

尤其是漢傳佛教中對密法不懂的有些人，不要說他從沒有來過藏地，就算他來藏地，跟藏傳佛教的修行人一起學習兩三個月，可能大圓滿的有些基本推理也搞不懂。我以前遇到過很多博士和博士後，剛開始他們特別傲慢，認為佛法就像物理、化學那樣簡單，但接觸了佛法以後，不要說大圓滿，即便是中觀和因明的基本推理，也沒辦法推出來，這才慢慢對佛法生起信心。

這樣的大圓滿，僅僅是聞到一些詞句，也能斷除三有根本。誠然如《中觀四百論》所言，對中觀生起懷疑也能斷除三有根本，那接觸無上密法就更不用說了。倘若按照加行、正行、後行的次第如法修持，信心特別大、信根不錯的人，在六個月中就能得到解脫。《金剛帳續》云：「不動信解行六月，金剛持地能獲得。」（這在《事師五十頌釋》中引用過。）《莊嚴誓言續》也說：「不動信解六月中，獲得金剛持果位。」（這在《大圓滿虛幻休

息》和《大圓滿禪定休息》中引用過。）如果具有恭敬心、信心，在短短六個月中精勤修持，便可獲得金剛持如來的果位。《傑珍大圓滿》、《龍欽寧提大圓滿》也有這種觀點。雖然今天聽法的人中有些未得過灌頂，但不講具體修法，講一下它的功德也沒有什麼。

在上師如意寶的傳承弟子中，我親眼見過許多人修大圓滿之後，臨終時出現瑞相而成就。我以前造過一部密宗虹身成就的論典㉑，你們可能也看過，尤其是六個月成就的，我印象較深的是漢地一個比丘尼叫明慧，我在課堂上也講過幾次：她對密法的信心非常非常大，本來因身體不好在漢地治療，後來得知法王要傳講密法，她覺得壽命無常，會在人間活多久也不好說，就堅持回學院聞法。當時上師講了《大圓滿心性休息三處三善引導文》，大概有一百天左右，期間她非常非常精進，於1993年9月1日聽完，又下山看病。1994年3月1日，照顧她的道友真如師從雅安金鳳寺給我打電話（當時學院不要說手機，就連好的座機也沒有，只有一部手搖電話），說明慧師圓寂了，臨終前她身體端坐，一直祈禱大圓滿的傳承上師及阿彌陀佛，出現了各種瑞相，身體也縮小了。我看了一下時間，前後剛好六個月，一天也不差，覺得非常希有。

所以，依靠密法加持，在六個月中可以成就，對此

㉑《密宗虹身成就略記》，現收錄於《妙法寶庫05—慧光雲聚》。

《勝利道歌講記》附《勝出天神讚》

我是深信不疑——今天中午我睡了一會兒，做了她的夢。有些不能說啊，說得太多了，世間上有各種各樣的……平時她智慧也不是很高，但信心確實很強。大圓滿利根者是以信根為主，對上師三寶、尤其是密法信心特別足的人，在臨終的時候，若不捨棄密法，對密法有信心，的確能獲得成就。因此，法王在這裡說了，大圓滿是末法時代難以值遇的殊勝竅訣，我們務必要將此銘刻於心。

在座學院道友，可以說已經接觸過密法了，但外面菩提學會的有些人，不一定有這個機會。不過沒接觸也不要緊，下面將學到的《大圓滿前行》也是密法，先應該以此為開端進行修持。現在很多人學習密法，一定要觀本來清淨、直指心性，其實這不一定好，我是不太贊成。作為一個凡夫人，首先要修基本的加行，加行修完之後，再通過灌頂修持正行，這樣的話，感受和證悟的境界是完全不同的。因此，按次第來很重要，不管是無垢光尊者、麥彭仁波切、法王如意寶，都有這種特別嚴格的要求。但現在的有些上師，可能是有特殊的攝受方法吧，從上面往下來㉒，如此一來，牆基還沒有穩固，就在牆上繪製好看的圖案，過一段時間也許會倒塌的，有這個危險性。所以，我們應該先打好牆基，再描繪花紋才比較穩妥。

勝利道歌 第一節課

㉒先修無上大圓滿的正行，直指心性，最後再修大圓滿的前行。

82

此處上師告訴我們大圓滿極其殊勝，希望大家不要捨棄，更不要毀謗。如果你實在生不起信心，不妨多跟藏傳佛教的法師研討一下，在沒有充足理由之前，千萬不要對密法有成見。否則，像漢傳佛教的一些大德，剛開始對密宗毀謗過，後來自己也作了懺悔㉓，我們講過很多次。

無上大圓滿是相當殊勝的，麥彭仁波切在有些教言中說過：「末法時代眾生煩惱深重，其他法門不容易調伏，而依靠無上密法大圓滿，完全能斷除一切煩惱。」所以，我考慮過很多次，這麼好的無上密法若放在那裡不學，每天只講一些顯宗的法肯定不行。雖然顯宗的法是非常好，顯宗的甚深教義與密法接近，但有些地方，我們研究了那麼長時間也清楚，與密宗還是有一些差別。我們對顯宗並不是排斥，但有些內容，你們學了以後就會明白。

因此，從今年開始，我大膽地要求大家修加行。本來按自己想像，報名的人數可能是淨土一半、加行一半，但最近看了各地反映，除了極個別人因年齡等種種原因報淨土組外，很多人都報了加行組，看來大家對密法的認識比較不錯。以前因為交通、語言、民族習慣、

《勝利道歌講記》附《勝出天神讚》

㉓例如，弘一法師早先對密法有成見，後於《佛法宗派大概》中說：「在大乘各宗中，此宗之教法最為高深，修持最為真切。常人未嘗窮研，輒輕肆毀謗，至堪痛嘆。余於十數年前，唯閱《密宗儀軌》，亦嘗輕致疑議，以後閱《大日經疏》，乃知密宗教義之高深，因痛自懺悔。」

歷史背景等原因，大家對密法的好處沒有了解，僅憑一些打著密宗口號的人的表面行為，就妄下斷言說密法不如法，其實這不是密法的本來面目。現在有機會共同學習密法，希望大家要有一種虔誠的信心。

丙二、修密法之因緣：

遇此勝法善緣眾，前世累劫積資果，

與普賢王同緣分，諸道友當生歡喜。

今生中有緣遇到大圓滿，是多生累劫積累資糧的結果。能遇到這樣的密法，實際上已與普賢王如來同等緣分，諸位道友理當心生歡喜。

大家即生中遇到傳授密法的上師，得到過灌頂、竅訣，甚至顯宗弟子有緣念楞嚴咒、往生咒㉔，具有如此殊勝的密法因緣，完全是多生累劫的善緣所感召。無垢光尊者在《勝乘寶藏論》中運用了兩個推理說：一、我們前世肯定供養承侍過無量如來，並且成為過他們的眷屬，因為今生遇到無上密法之故；二、我們在今生或中陰或來世，一定會獲得成就，因為遇到無上密法之故。從因明的角度通過推理證明，凡是聽聞到密法的眾生，都有不可思議的緣分。

有些人得過灌頂、得過密法傳承，還要一個勁兒地問：「上師，我有沒有學密法的因緣？」真是特別愚

㉔這些咒語也是密法的一部分，故顯宗中也有密法。顯宗的隱藏意義，其實在密法中可以解釋出來。

癡。實際上，即生中遇到密法的人，我可以肯定地給你說，不僅你今生與密法有緣，往昔千百萬年中跟密法也有因緣。這不是我以分別念說的，而是藏地法王無垢光尊者親口所言，在整個藏地，沒有一個不承認他的。

今生中你能遇到密法，其實跟普賢王如來同等緣分，因為普賢王如來一剎那獲得自現自解脫的境界，也是依靠這樣的殊勝密法。如《般若經》所說，迷路的人徘徊在道路中時，一旦看見牧牛人，就知道臨近村落了，自己要離開迷途的畏懼了。同樣，我們遇到殊勝的善知識和密法，猶如魚兒已上鉤就要拉上岸一樣，很快便會獲得解脫。

所以，法王在這裡以謙虛的語氣說：諸位道友，你們遇到這麼好的密法，應當生起歡喜心，不要被各種懷疑纏縛自心：「我這樣修下去，到底會不會即生成就啊？護法神會不會對我懲罰？上師會不會對我懲罰？……」好的不想，不好的想得亂七八糟，這沒有必要。遇到這樣的密法，是你多生累劫的善果，法王在《修行歡歌》中說了，即生中只要不破誓言，哪怕你沒有好好地修持，來世也定會獲得成就。應該要有這樣的信心。

不過，如果你毀謗密法、捨棄上師，那就不好說了，因為密法的有些誓言比較嚴格。當然，不僅僅是密法、菩薩戒、甚至居士戒，也非常嚴格，你今天皈依三

《勝利道歌講記》附《勝出天神讚》

寶，明天就毀謗三寶，也肯定會墮落的。有些人說：
「我不能入密法啊，不然很危險的！」如果說入密法很
危險，那皈依三寶照樣危險，在單位上班也很危險，因
為若在單位中殺人，一定會被判死刑。對壞人來講，這
個世界處處都有危險性，只有好人才有解脫之路。

乙二（發菩提心）分二：一、發心之理；二、發心
功德。

丙一、發心之理：

為沉恐怖輪迴眾，獲得永樂之佛果，

當負利他之重任，捨棄愛自如毒食。

為令沉溺於恐怖輪迴中的眾生，獲得永遠安樂的佛
果，我們當承擔起利他之重任，捨棄如毒食般的自我愛
執。

眾生沉溺在極其恐怖的三界輪迴中，為了讓他們獲
得暫時的快樂——有吃的、有穿的，城市裡的人說是有
養老保險、有醫療保險、有錢花等等；究竟得到阿羅
漢、菩薩、佛陀的果位，我們務必要肩負起利益眾生的
重任。在這個過程中，盡量要捨棄毒藥般的自私自利，
否則果報非常可怕，《入行論》也說：「為自而害他，
將受地獄苦。」所以，每個修行人要思維：利益眾生最
可貴。

從前，熱羅扎瓦在寂靜處修習本尊法，他很想終生
都這樣閉關。一天，本尊告訴他：「你於寂靜處千百萬

劫中精進閉關修本尊，不如去世間一剎那利益眾生的功德大。」因而，我們以利他心幫別人做一點事情的功德，遠遠超過以自私自利心在漫長歲月中的苦修。

一切利樂的來源，其實就是利益眾生之心，《入行論》云：「所有世間樂，悉從利他生。」世間、出世間的一切快樂，全部是從利益他眾的菩提心中產生。所以在修行過程中，菩提心始終不能離開，華智仁波切也講過：「如果沒有以菩提心為前提，即便修持無上大圓滿，也會成為小乘法，或者變成外道法。」

以前很多人把發心問題沒有搞懂，我們一而再、再而三地說了這麼多以後，非常欣慰的是，還是起到一點成效。如今在外面碰到居士，很多人都會說：「請您加持我早日生起無偽的菩提心！」有些人可能真這麼想，有些人只是為了讓我高興故意這樣說，我想知道是真的還是假的，就一直盯著他的眼睛看，但有時候也看不出來。無論如何，這比以前好多了，以前我出去的時候，經常聽很多人說：「您加持加持，讓我生起降伏他人的力量！」「您要加持我發大財、賺大錢、做大事！」還有一個人說：「我一定要開三個眼，左眼看世間法，右眼看出世間法，中間的眼看我朋友有沒有背著我做壞事。」世人總是有奇奇怪怪的想法，但這些都不究竟，最究竟的就是生起一顆利他心，這真的非常珍貴！

法王如意寶說自私自利心如毒藥一樣，希望大家對

《勝利道歌講記》附《勝出天神讚》

此經常思維。這個比喻講得很好，無論在什麼場合中，自私自利強的人遲早都會失敗。我們許多爭論、痛苦、吵架，全部是在自利心上產生的，如果沒有自私自利，那就成菩薩了，大家要往這個方向努力。其實別人說什麼不要緊，只要自己有一口氣、有一點能力，就要去做利他的事情。別人知道也可以，不知道也可以。我是這樣想的，自己所做的有些事情，終生也不會有人知道，諸佛菩薩以天眼應該知道，金剛上師應該知道，除此以外，自己的付出永遠沒人評價，更不會有人發獎。但因果是不會虛耗的，沒必要為了名聲而利益眾生。就像有些世間模範，拼命地在人前做一些行為，我覺得這不是很重要，默默無聞地為眾生發一點善心、做一點事情，才是我們發心的目的！

勝利道歌 第一節課

第二節課

　　《勝利道歌》中，第一部分「勸修密法」講完了。第二部分是「發菩提心」，這分兩個方面：發心之理和發心功德。「發心之理」昨天講了，今天接著講「發心功德」。

　　丙二、發心功德：

　　以此可阻惡趣門，亦可獲得善趣樂，

　　趨至究竟解脫地，切莫散亂修此要。

　　以此發菩提心的功德，可以阻塞惡趣之門，亦可暫時得到善趣人天安樂，究竟獲得解脫。明白這個道理之後，諸位道友切莫散亂，應著手修行此殊勝要訣。

　　上述所講的發無上願菩提心和行菩提心，其功德無量無邊，這個道理在《學集論》、《入菩薩行論》及大乘經典中講得非常細緻，我在這裡不作贅述。簡而言之，菩提心的功德可從兩方面得以體現：

　　一、若能生起無偽的菩提心，從此之後，相續中的罪業會全部遣除，以菩提心的功德已阻塞了地獄、餓鬼、旁生的惡趣之門。寂天菩薩說過：「菩提心如劫末火，剎那能毀諸重罪。」菩提心如同劫末火一樣，在生起的當下，能摧毀五無間罪、謗法罪等難以清淨的重罪，如果罪業得以清淨，就沒有機會墮入惡趣。上師如意寶在教言中也說，具有菩提心的人，不可能墮入惡

趣。所以，我們在臨死之前，要全力以赴、想方設法生起菩提心，生起後不要讓它毀壞，這樣自己就不會墮落。

二、有了菩提心的話，一切善根功德越來越增上，暫時能轉生於天界人間等具福報之處，享受善趣的一切安樂，寂天菩薩也說：「珍貴菩提心，眾生安樂因。」究竟能圓滿五道十地的功德，獲得圓滿正等覺的果位。

菩提心對眾生來講，利益真的非常大。如云：「佛於多劫深思維，見此覺心最饒益，無量眾生依於此，順利能獲最勝樂。」佛陀在多生累劫中以無礙智慧再三思維：對眾生最有利的是什麼呢？是有吃有穿好，還是身心健康好？結果發現菩提心對眾生最有利。就像一些發明家，通過長期潛心研究發明出一樣東西，覺得對人類特別有利，同樣，佛陀經過這麼長時間的反覆觀察，發現菩提心對眾生最有利，依靠它，無量的眾生能輕而易舉地獲得無上佛果。

因而，法王在這裡說「切莫散亂修此要」。在修學菩提道的過程中，千萬不要讓自己的心被世間八法等外境誘惑而迷失方向，一定要認認真真地修持菩提心這種秘訣，這是一切修行中最重要、最可貴的修法。

關於這個問題，凡是聽過《入行論》的人，對菩提心都有所認識，這一點我的確很高興。現在不管到哪個城市，大家都覺得菩提心很重要，只不過有些人因為煩

勝利道歌 第二節課

惱、工作各方面的原因還沒有修好，有些人還是修得非常不錯的。人生很短暫，希望大家不要先高攀一個大法，而應先把基本的加行修圓滿，每時每刻憶念利益眾生的菩提心，這樣以後，對今生來世定有非常大的利益！

乙三（發出離心）分二：一、護戒功德；二、破戒過失。

丙一、護戒功德：

於諸輪迴之盛事，不起羨慕之心念，

當持人天供養處，殊勝嚴飾之淨戒。

於此輪迴中令人炫目的盛事與富足，不要有絲毫羨慕之心，應當一味守持人天眾生的殊勝供養處——清淨戒律。

對於想脫離輪迴、希求解脫的人來講，輪迴中的名聲、地位、權勢、妙欲等殊勝之事，無有任何意義，一點也不會生起羨慕渴求之心，看見特別豪華的轎車美宅，只是把它視為如夢、如幻、如水泡。這不是口頭上說說，而是內心中確實感到三界猶如火宅，沒有剎那安樂，真正有一種出離心。

不過，剛開始的時候，很多人就像難陀尊者一樣，很難以做到對輪迴不起貪念和執著，但只要通過學習理論，然後再加上長期串習，必定會覺得身處輪迴沒有安全感，進而生起厭離心。對我們而言，最好的辦法莫過

91

於先修人身難得、壽命無常、輪迴過患、因果不虛，這四個共同加行修完之後，相續中定會生起出離心。

宗喀巴大師在《三主要道論》中說：「修後於諸輪迴福，剎那不生羨慕心，日夜欲求得解脫，爾時已生出離心。」什麼樣才是生起出離心呢？對上述四個共同加行精勤修行之後，何時對輪迴的榮華富貴一剎那也不起羨慕之心，日日夜夜唯獨希求解脫，如關在監獄裡的犯人渴望被釋放一樣，何時就已經生起了真實無偽的出離心。

當然，「一剎那」也不生羨慕心，這個要求比較嚴格，非常難以做到。尤其是我們凡夫人，在經堂裡上課時，聽上師講得十分精彩，就覺得輪迴一切瑣事沒有實義，馬上生起了出離心。但等一會兒下課後，路上遇到悅意的對境，又開始產生貪戀之心，剛才的出離心立即蕩然無存了，這對凡夫人來講極有可能。但是要知道，真正希求解脫的人，對名聲地位等人天福報要看得淡、看得破，只有這樣，才能變成名副其實的修行人。

有了出離心之後，一定要受持人天眾生的供養處、整個世間的莊嚴——清淨戒律。戒律是一切功德的根本，《別解脫經》中也說：「戒為趨善趣，渡河之橋梁。」修行人以耳環、手鐲等飾品為嚴飾，並不是很莊嚴，倘若具足清淨戒律，這才是最莊嚴的裝飾，值得人天眾生頂禮、膜拜、供養。

每個眾生的根基不同，所受持的戒律也不相同。如果出離心比較強，則可出家受比丘戒、比丘尼戒，或者沙彌戒、沙彌尼戒；如果這方面的因緣還沒有成熟，至少也要受持居士戒，或以出離心攝持的皈依戒。假如相續中什麼戒體都不存在，一切功德很難生得起來。《親友書》云：「戒如動靜之大地，一切功德之根本。」大地是萬物賴以生存的根本，同樣，戒律是一切功德得以產生的根本，有了清淨的戒律，一切功德才有產生的可能。倘若一分戒律也不受持，將來想獲得人身、轉生善趣是非常困難的。因此，對每一個人、尤其是皈依三寶的弟子來講，還是要受持約束自己的戒律，這非常重要！

丙二、破戒過失：

一切增上定勝樂，悉皆依此而生故，

倘若破戒墮惡趣，切莫迷惑當取捨。

增上生的暫時人天福報、決定勝的究竟解脫果位，全部依靠戒律而生。倘若破戒而沒有懺悔清淨，則一定會墮入三惡趣。因此，修行人切莫迷惑顛倒，務必要對自己的行為善加取捨。

《別解脫經》中說，破了戒的人，唯一的去向就是地獄、餓鬼、旁生。這種人連自利都沒辦法承辦，想幫助別人、救度一切眾生簡直可笑，如《般若攝頌》云：「破戒自利尚不能，豈有成辦利他力？」

末法時代，守持清淨戒律越來越不容易了，尤其是信息商業化時代，出家人守持淨戒實在是難上加難。我所在的縣城裡有一座寺院，據了解，大概十年前有三百多出家人，現在剩了還不到兩百，在十年中沒有增加，反而減少了。由於電視、電腦、手機的信息刺激著人的感官，市場上的商品讓人眼花繚亂，種種外境的光一直在凡夫人面前閃爍著、誘惑著，這樣之後，很多人不像古代修行人一樣有出離心，真正安於靜處修持正法的人非常非常少。

這次在北京的時候[25]，我遇到各大寺院的方丈、住持、大德，他們自我介紹是某某寺院的，我問：「你們寺院有多少出家人？」回答是十來個人、二十來個人，最多是三十來個人。不客氣地說，漢地很多現象真的非常可悲。（我們佛學院雖然出家人很多，但將來會變成什麼樣也不好說。）有些出家人問我：「你們寺院有多少人？」我回答：「現在國家統計的有六千多人。」「啊？你有沒有算錯！」我說：「這個數字只是常住人口，如果加上流動人口，可能會更多。」很多人都覺得我在造神話。

的確這是法王的加持，我們學院幾乎每天有人出家，今天一個、明天一個，好像出家人太多了一樣。但別的地方不是這樣，許多寺院以前非常出名，而今只剩下金碧輝煌的殿堂，此外根本沒有聞思修行。那天我還

勝利道歌 第二節課

---

[25]上師仁波切應邀赴京參加第二屆「國際慈善論壇」。

遇到一個很有名的和尚，我們聊了很長時間，他一直說寺院花了多少多少錢，我問：「你寺院有多少人啊？」他說：「我寺院有很多居士，出家人嘛，只有我和我的徒弟。」

我並不是說漢傳佛教不興盛，藏傳佛教也面臨著同樣的危機，不管是拉薩那一帶，還是康區這一帶，很多寺院的出家人日漸減少——比丘和老修行人紛紛圓寂，年紀小的不願出家，中年還俗的也非常多。所以，這幾十年也看得出來，出家人守持戒律越來越麻煩了。

對現在的居士而言，一部分不敢說有真實的出離心，但還是有相似的出離心，很多人對解脫也有希求之心，既然這樣，大家還是要重視戒律，三皈五戒應該受持，一旦破了，則應在上師面前重受。有了大地，花草樹木才能得以生長，同樣，有了戒律，一切功德就有了依存之處。因此，在末法時代，大家不要迷失方向，務必要詳詳細細地取捨，該接受的護戒因緣理應接受，該拋棄的破戒違緣應當拋棄，這方面值得多加努力！

乙四（人格賢善）分二：一、修習賢善人格之理；二、賢善人格之功德。

丙一、修習賢善人格之理：

言行恆時隨順友，秉性正直心善良，

若欲長久利己者，暫時利他乃竅訣。

所謂的賢善人格，是指言行舉止恆時隨順親友，為

人秉性正直，心地善良。若欲長久利益自己，暫時利益他眾乃是竅訣。

賢善的人格確實很重要。前面也講了，修行密法或般若法門要依靠菩提心，菩提心的生起必須有出離心，而出離心只有好人才生得起來。非常壞的人不可能有出離心，沒有出離心就無法生起菩提心，沒有菩提心就不會有大圓滿的開悟。就像你沒有讀小學的話，則不可能中學畢業；沒有中學畢業，就不可能有大學文憑；沒有大學文憑，又怎麼會有博士學位呢？假如有，這個證書也肯定是假的。

修行需要人格賢善，這是法王如意寶多年總結的精華教言。不管你學顯宗、密宗，具有人格都非常重要，人格不好的話，什麼出世間修行都是紙上談兵，絕對不可能成就。麥彭仁波切在《二規教言論》中也說：「世法即是佛法根，若無世間高尚行，則彼始終不容有，殊勝佛法之規故。」世法（賢善的人格）是佛法的根本，如果沒有高尚的人格，佛法的殊勝證悟無從談起。

當然，每個人對人格賢善的判斷各不相同，有人認為脾氣好、性格好、做事勤快，就是人格賢善；有人認為漂亮的人，就具有人格魅力；有人認為心比較軟，就是人格很好；有人認為個性堅強，肯定是好人……但法王並沒有這麼認為，他老人家說，人格賢善的標準有這麼幾點，希望大家好好記住：

一、「言行恆時隨順友」：言行舉止跟上上下下的親友和睦相處，跟誰都合得來，不會動輒橫眉怒目、處處與人作對、不論到哪個團體都攪得雞犬不寧。從世間角度講，人格好的人對上者恭敬，對下者悲憫，對中者和睦。

大家在發心時一定要注意，任何團體都會有許許多多矛盾，人與人在一起難免磕磕碰碰，但人格好的話，對誰都能觀清淨心，別人說什麼也可以隨順。佛陀在經典中說「我要隨順世間人」，佛陀尚且如此，我們凡夫人就更需要了。當然，隨順他人並不是沒有原則，別人生貪心你也隨順，生嗔心你也隨順，不是這個意思，而是對如理如法的行為應當隨順，跟誰接觸都十分融洽。不要所有人都上去時，你非要背道而馳，就像藏地有個比喻說：「一百頭犛牛上山的時候，嘎巴牛（犛牛中的敗類）非要往下跑。」這種說法還是很形象的。人格不好的人，行為上處處與人衝撞，就算坐車從色達到成都，一路上也會跟好多人吵架，在任何地方都會惹是生非。所以不好的人離開後，大家都覺得很舒服，好像眼翳去除了一樣，要吃頓飯慶祝慶祝。但一個好人離開了，所有的人會特別傷心：「怎麼辦啊？我們中午不想吃飯了，那麼好的人都走了，嗚嗚……」

不過，人格的好壞在表面上也看不出來。我每次剛認識一個人時，往往有這種分別念：「他是好人還是壞

《勝利道歌講記》附《勝出天神讚》

97

人呢?」有時候這個人言行舉止很不錯,但接觸一段時間後大失所望;有時候這個人似乎比較壞,結果越接觸越覺得他非常好,很讓人信賴。

二、「秉性正直」:不管說話還是做事,心要正直,不貪執自方、嗔恨他方,也不會做什麼都把自己放在主要位置上,一直不公正地評價,而是始終以真理為主,不偏袒任何一個人。所以,為人正直十分重要,《二規教言論》中也講了許多這方面的功德。

三、「心善良」:如果為人正直、隨順別人,但心腸狠毒的話,人格也好不到哪兒去。現在有些領導和學者,話說得特別漂亮,可一直有自私自利、害人之心,那做什麼都徒勞無益。因為心是一切之根本,宗喀巴大師也說:「心善地道亦賢善,心惡地道亦惡劣。」心善的話,一切都是光明的;心惡的話,只有趨往黑暗了。

這三點做人的道理非常重要。法王又進一步指出,倘若你想長期利益自己,暫時利他是很好的竅訣。作為一個凡夫人,完全不考慮自己是不可能的,但考慮自己的過程中,如果損害其他很多人,自己的事業也不會成功。雖然為了自己而幫助別人是一種狡猾,最好不要有這種想法,但退一步說,假如你實在不能利他,那為了自己的利益,也應該對別人好一點,這樣才有自己的生存空間。

記得有一次乘飛機,我旁邊坐了個年輕人,看起來

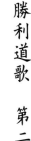

勝利道歌 第二節課

很有才華，他是一個企業的總經理，平時不信佛教，但我們聊起來還是有共同語言。他說：「應該要做好人，多幫助別人。實際上企業若想成功，一定要幫助周圍的人，這樣才有空間生存下去。假如我一味地顧著自己，別人也是很聰明的，誰都能感覺得到，最後我不會有什麼成果。」我覺得他講得挺有道理，點點頭說：「我們佛教也是這樣讚歎的。」確實，不管依止上師也好，依止企業家也好，如果你始終想著自己，別人不一定看得上你，但若盡心盡力地幫助別人，大家就會對你另眼相看。所以，一個人要想自己得利益，暫時幫助別人是很好的竅訣。

上師曾一邊開玩笑一邊說：「我通過多年的生活經驗發現，如今很多人不會做人，每天自私自利地想著自己，這不一定很好。比如有的年輕人喜歡某個人，就把對方束縛得死死的，拼命地佔為己有，結果往往適得其反；而有的人喜歡對方，就全心全意地支持他、幫助他，對方也畢竟是人，最後會接受你的心意。只可惜很多人不懂這個道理。尤其是修學佛法時，不知道人格很重要，沒有人格的話，高深莫測的境界不可能生起。」

以上講了人格要賢善，大家務必應牢記，倘若沒有做好人，做佛是不可能的。想做好人的話，就要在這幾個問題上下功夫。如果你想廣泛了解，則可翻閱《教誨甘露明點》，法王在裡面還講了一些寬宏大量、廣聞博

《勝利道歌講記》附《勝出天神讚》

學等要求㉖。

丙二、賢善人格之功德：

此乃清淨人規法，三世諸佛方便道，

亦為四攝之精華，諸位弟子切莫忘！

修習賢善人格，是世間清淨的人規法；從出世間而言，也是過去、現在、未來三世諸佛成佛的方便道；它還是菩薩行持四攝法的精要，諸位弟子切切不可忘記這一殊勝竅訣。

「人規」就是做人的基本原則。昔日藏地佛法特別興盛時，國王松贊干布對全藏人民規定了「人規十六條㉗」，有很多做人的行為規範，比如敬信三寶、修行正法、孝敬父母、心性正直、心量寬宏等等。具有賢善人格，不僅是世規，而且也是佛規，它是三世諸佛成佛的方便道，無論是哪一尊佛，因地時都會做好人，一個壞人不要說成佛，連菩薩、阿羅漢也無法成就。

平時也可以看出，一位真正的高僧大德，不說他的出世間修證，僅僅是人格魅力，也特別吸引人。我一生中依止過很多善知識，他們的言行舉止遠遠超出我們想像，凡夫的說話、分別念沒什麼好效仿的，可是這些高

勝
利
道
歌
　
第
二
節
課

㉖法王在《教誨甘露明點》中說：「何云賢良之性情，善意誠實及溫和，性情穩重心寬大，廣學識為性情賢……」

㉗人規十六條：一、敬信三寶；二、修行正法；三、孝敬父母；四、恭敬有德；五、敬重尊貴者長；六、對親友有信義；七、對國人作利益；八、心性正直；九、仰瞻賢哲；十、善用資財；十一、以德報恩；十二、秤斗無欺；十三、不相嫉妒；十四、勿用婦言；十五、婉和善語；十六、心量寬宏。

僧大德，在人格賢善的基礎上，擁有不共的出世間境界。所以六祖惠能說：「佛法在世間，不離世間覺。」如果離開了基本的世規，佛法的成就則如空中樓閣。

賢善人格是諸佛成佛的方便道，自利利他不可缺少，同時也是六度四攝中「四攝」的精華。四攝，即布施、愛語、利行、同事，是菩薩利生的四大行為，這些均要以人格為基礎。如果有了良好的人格，就肯定願意布施，願意說愛語，願意做利他之事，願意以身作則地攝受眾生。

因而在道歌的最後，法王語重心長地叮囑：對我有信心的弟子們，無論是現在還是未來，千萬千萬不要忘記做好人，倘若人都做不好，其他修行境界如無根之樹，不可能真實生起。

要做一個好人的話，起碼應該隨順別人，不要今天跟這個吵架，明天跟那個打架，即使沒有膽子打架，也天天毀謗別人，跟誰都合不攏；或者對這個生嗔恨心，對那個發惡願，這些心要統統斷掉。同時，要做一個正直的人，不要像有些世間人那樣，說起話來天花亂墜，但私底下完全不是這回事。現在狡猾的人實在太多了，我們一定要學會正直，若能做到這一點，別人冤枉誤解也好、誹謗詆毀也罷，對自己不會有任何危害，自己始終會像純金一樣發出真實善良的光，不被任何黑暗和違緣所覆蓋。

《勝利道歌講記》附《勝出天神讚》

過去噶當派的很多格西，在攝受弟子之前，首先都要觀察他的人格：如果是壞人，則不予攝受、不給傳法；如果是好人，雖然比較愚笨，但認為可以教得出來。因此，人愚笨不要緊，關鍵是人要好。所謂的人好，並不是相貌莊嚴、聲音悅耳、舉止高雅，而是心一定要善良。做了好人以後，再談佛法才有希望。所以作為佛教徒，團體與團體之間不要勾心鬥角，人與人之間也不要爭執不息，否則會讓不信佛的人譏笑：「你看，佛教徒完全口是心非，每天說得那麼好，卻做得那麼糟糕！」但如果僧團裡彼此和睦相處，一切都很和合，別人也會見而生信的。

慈誠羅珠和我曾碰到一位著名的藏族博士，他特別羨慕我們學院：「你們學院人多，是一大特徵；戒律清淨，也是一大特徵；但還有個最大的特徵，就是你們彼此間心性和善，沒有什麼矛盾，這是我從來沒有看到過的。我們單位才十幾個人，就有五六個人的關係不好。」的確，這麼多的僧眾和合團結，完全是法王如意寶的加持。雖然從小的方面看，人與人之間有一點意見不和是難免的，不要說我們，即便是佛陀身邊的僧團，有些比丘或比丘尼也很複雜，律藏中經常講到一些公案，但整體上看，我們還是很和合的。因此，我非常希望，不管是顯宗、密宗的四眾弟子，跟信佛或不信佛的人接觸時，應該有種和諧團結的氣氛，這也是人格賢善

的一個表現。

概而言之，法王在論中講了，顯宗密宗的無二智慧依靠菩提心而來，菩提心依靠出離心，出離心又依靠賢善人格。這四個要訣是八萬四千法門理論與修行相結合的智慧總結，大家一定要牢牢地記在心裡。

甲三（末義）分二：一、迴向；二、造論之事。

乙一、迴向：

以此善根願諸眾，超越輪迴之深淵，

令諸心子皆歡喜，往生西方極樂剎。

以此造論善根，迴向一切老母有情，願其超越六道輪迴的恐怖深淵。同時，八萬四千法門的精華要義攝於上述四種竅訣中，願對法王和佛教有信心的心子生起極大歡喜。並願一切有緣眾生往生極樂世界，獲得無上的安樂，將來利益無量眾生。

在茫茫無盡的輪迴苦海中，我們能遇到這樣如意寶般的竅訣，實在是極大福分，對此應生歡喜心。不知道你們有沒有歡喜心？有的話，說明你對佛法還是有信心；如果什麼歡喜心都沒有，覺得：「《勝利道歌》兩節課終於講完啦，講完就可以了，千萬不要再廣講。趕緊下課吧，我想馬上回去吃東西、睡覺，等一會兒該吃什麼好呢……」那說明你沒有太大收穫。

乙二、造論之事：

第十七勝生周丙子年，我等師徒遣除內外密諸違

《勝利道歌講記》附《勝出天神讚》

緣，阿旺羅珠宗美於慶祝勝利之吉日，近五千僧人中，即性而唱，善哉！

藏曆以六十年為一週期，其紀年從公元1027年算起，法王如意寶造《勝利道歌》時是第十七勝生周丙子年，也就是公元1996年9月21日。前面也講了，當時法王遣除內外密一切違緣回到學院後，與所有的弟子歡聚一堂，學院還專門開了金剛娛樂法會，表演法王生病的整個經歷，包括唱了仲敦巴、麥彭仁波切等尊者加持法王的一些道歌。去年我看到了這卷錄像帶，但畫面比較模糊，距今已經十多年了。「阿旺羅珠宗美」，是上師如意寶的法名，那時學院規模沒有現在這麼大，上師在近五千名僧人中即性唱出此《勝利道歌》。善哉！善哉！

勝利道歌 第二節課

《勝利道歌講記》思考題

第1節課

1、在傳講《大圓滿前行》之前，為何要先講《勝利道歌》？這個道歌來源是怎樣的？

2、歸納而言，本論主要講了什麼樣的修行次第？這對你有哪些啟示？

3、修持無上大圓滿有什麼功德？你對密法有什麼樣的認識？

4、為了利益沉溺於輪迴中的眾生，我們應當如何發願？在現實生活中，你怎麼樣做到「捨棄愛自如毒食」？

第2節課

5、發菩提心有什麼樣的功德？請從兩方面具體分析。你對此有哪些感觸？

6、什麼叫做出離心？按照宗喀巴大師的觀點，生起出離心的界限是什麼？你相續中有出離心嗎？

7、什麼樣叫人格賢善？具有賢善的人格有什麼必要和功德？這方面你有哪些體會？

8、通過學習《勝利道歌》，你有什麼樣的收穫？

《勝利道歌講記》附《勝出天神讚》

勝利道歌講記思考題